PARALELNÍ SVĚTY

ELFÍ ŘÍŠE, VNITŘNÍ ZEMĚ A DOMOVY DUŠÍ

PARALELNÍ SVĚTY

ELFÍ ŘÍŠE, VNITŘNÍ ZEMĚ A DOMOVY DUŠÍ

IVA KENAZ

Vydala Iva Stojáková, nakladatelství Apoxikon, Stříbrná Skalice, 2024
www.ivakenaz.com

První české vydání

Autorka textu: Iva Kenaz
Překlady starých písní a básní: Iva Kenaz
Ilustrace: Ivana Axman

ISBN: 978-80-909220-1-3

Tuto knihu věnuji svému milovanému muži
Gunnarovi.

OBSAH

„Nikde ve vesmíru není neobydlené divočiny.“

Robert Kirk

PODĚKOVÁNÍ

Děkuji svému muži za jeho lásku, podporu a inspiraci.

Děkuji také své mamince za její sdílení a naslouchání.

Velkou vděčnost tímto projevuji i svým kočičím a psím mentorům:

Odinovi, Thorovi, Thoře, Merlinovi, Maxovi a Meře.

Děkuji rovněž svým průvodcům:

Zelenému muži, Nuahovi, Šanovi, Aně a Opúzii, ale i všem

spřáteleným elfům, Vnitrozemcům, hobům, vílám a stromům.

A speciální díky patří Haně Sar, jejíž moudré vjemy a rady vlastně

započaly toto nové literární dobrodružství.

ÚVOD

Bez svých věrných rádců bych tuto knihu koncipovala pouze jako souhrn rešerší a své vlastní zkušenosti s paralelními světy bych opět skryla do příběhů, jak jsem to doposud dělala. K tomu, abych odvážně kombinovala obojí, mě inspirovaly následující, mé duši blízké bytosti:

Autorka a badatelka Hana Sar mě ponoukla k tomu, zabývat se v tomto textu nejen autentickými prožitky, ale také severskou a irskou mytologií, tedy mými nejmilejšími zdroji moudrosti a poznání. K té irské jsem byla vedena svými předky od malička a ta severská se ke mně dostala skrze mého manžela, Islanďana Gunnara, a později se i potvrdila v genech rodu z matčiny strany. Hana Sar mi rovněž pomohla pochopit, že abychom smysluplně prožili budoucnost, je nejdříve zapotřebí zpracovat minulost, tedy jít, jak ona sama říká, „zpětným chodem do dávných vzpomínek své duše" k prvním inkarnacím v tomto světě.

Můj manžel Gunnar mi byl jako vždy velikou oporou, a jelikož má neuvěřitelný talent na to odhadnout, jaké texty budu potřebovat k rešerším, objevila jsem díky němu mnoho důležitých a prastarých spisů i básní. Také mi pomohl přeložit *Poetickou Eddu*, která se stala důležitým podkladem této knihy.

Kocour Odin, jenž mi byl během psaní neustále nablízku, mě celou dobu povzbuzoval a text se mnou i korigoval. Rovněž mi doporučil, abych kapitoly obohatila moudrými vhledy spřízněných elfích, zvířecích a jiných průvodců včetně jeho samotného. Nechtěl sice být uveden jako spoluautor, ale souhlasil s tím, že jeho spolupráci zmíním zde v úvodu. Těm z vás, kteří se zvířaty také vedete vnitřní dialog, to jistě nebude připadat zvláštní.

Všem svým rádcům tímto ze srdce děkuji.

SLOVNÍK POJMŮ, KTERÉ V TÉTO KNIZE POUŽÍVÁM

Zdroj

Zdroj absolutna a jednoty. Nic, kde jsme vším, a všechno, kde jsme ničím. Všichni máme přirozeně přístup do Zdroje přes svůj vlastní zdroj. Zdroj je prostupem do všech paralelních realit.

Náš zdroj

Náš zdroj je neoddělitelně ve Zdroji absolutna a vysílá své emanace do různých inkarnací. Mnohdy si je i paralelně rozdělí.
V původní realitě jsme přímo napojeni na náš zdroj a do hmoty (jemné i hrubé) se inkarnujeme pouze částečně.
Z našeho současného pohledu je náš zdroj ono osvícené Já.
Někdy se také používá výraz „vyšší já" či „duch", ale já se v této knize snažím zdůraznit naše napojení na Zdroj.

Paralelní reality

Kvůli zjednodušení pojmů jsem reality rozdělila na hmotnou, jemnohmotnou a původní. Duše se inkarnují do hmoty z jemnohmotné i původní reality, či přímo ze Zdroje. Původní realita se skládá z nekonečně mnoha říší různých vibrací, které se v hmotném a jemnohmotném vesmíru projevují jako planety.

Hmotná realita

Hmotný svět, jak ho známe. Nyní zatěžkán různými omezeními a limitacemi vědomí neboli současným matrixem.

Jemnohmotná realita

Realita méně zahuštěná a mnohem méně omezená než hmotná. Duše se v ní rodí i umírá vědomě, nestárne, necítí bolest a po celou inkarnaci je propojena se Zdrojem, s původní realitou a svými přirozenými schopnostmi manifestace, telepatie, teleportace, levitace, léčení a omlazování. Dle mé zkušenosti se jemná hmota týká Vnitřní Země a z našeho pohledu i vesmíru za Saturnem.

Naše planeta byla a po pádu současného matrixu opět bude jemnohmotná. Jemnohmotná realita je tedy i naší dávnou minulostí a budoucností. Na rozdíl od původní reality se v ní prožívá inkarnace v daném prostoru a čase, ale prostor i čas se tam dá částečně ovlivnit.

Původní realita

Realita, kde se nachází nekonečné množství původních světů, které jsou předlohami pro jemnohmotné a hmotné kopie.

Některé se tvoří kolektivně skupinami duší, jiné si tvoříme pouze pro sebe a své blízké. Jsou zde různé verze elfích říší i našich současných zemí a měst. Někdy je tato realita nazývána posmrtná, i když tomu ve skutečnosti může být právě naopak. Je to realita obdobná současným představám o páté dimenzi a dál. Prostor i čas jsou tam zcela tvárné.

Dimenze

Různé rozšířené a zúžené úhly pohledu na celistvost stvoření.

Elfí či vílí říše

Původní říše, které jsou plné fantaskních rostlin, zvířat a humanoidních bytostí elfího, vílího a mytologického typu. Jejich formy byly předlohou pro vytvoření jemnohmotných a posléze hmotných kopií.

Elfové

Z našeho současného pohledu jedna z nejstarších humanoidních ras. V islandském jazyce, v němž byl zkomponován základní zdroj severské mytologie, jsou elfové zváni „álfar". „Álft" je zase islandský výraz pro labuť, tudíž elfové jsou „labuťanský lid". Ve staré irštině byla labuť „elu", takže i slovo elf s může vázat k labuti.

Soudíc podle svého výzkumu a svých vlastních zkušeností jsem dospěla k názoru, že elfí rod pochází ze souhvězdí Labutě (latinsky Cygnus). Jejich potomci se posléze přesunuli na původně jemnohmotnou planetu Zemi a následně do jejích vnitřních prostor. Ochraňují krystalické jádro Matky Země. Elfové bývají bělovlasí i černovlasí. Všichni mají bledou a vrásčitou pleť, šlachovité tělo a živí se rostlinnou stravou. Někteří také mají větší uši, často tvarované do špičky. Mohou být obří, malinkatí i středního vzrůstu jako dnešní lidé. Elfové se někdy také nazývají vílami, ale ty v češtině evokují spíše divoženky a pouze ženský rod, tudíž se tomu výrazu budu v této knize vyhýbat.

Podzemní říše

Komplex podzemních říší této hmotné planety. Dříve jednotný svět, nyní rozdělen a okupován vesmírnými rasami s rozličnou škálou vibrací a záměrů. Podléhá současnému matrixu a je stejně nízkovibrační jako svět na povrchu. Někdy se podzemním říším uceleně říkalo „podsvětí". Svým způsobem chrání Vnitřní Zemi.

Vnitřní Země

Skrytá, jemnohmotná říše v jádru planety mimo současný matrix. Vnější část obývají jemnohmotní elfové (Labuťané) a tu vnitřní původní planetární bytosti krystalického a světelného typu.
Vnitřní Země vždy byla jakousi centrálou mezi paralelními světy vyšších vibrací.

Vnitřní portály

Portály, které si tvoříme pro propojení s naším zdrojem a Zdrojem absolutna, z něhož můžeme putovat do jakýchkoliv realit a paralelních světů.

Astrál

Pochází z latinského slova „astralis", odvozeného od výrazu „astrum", což znamená hvězda. Astrál se většinou rozděluje na vyšší a nižší a má různou škálu vibrací.

Astrální projekce versus putování vnitřním portálem přes náš zdroj

V této knize nedoporučuji astrální projekci. Už z názvu je patrné proč. Astrál je hvězdná realita a projekce je pouze odrazem toho, co je za projektorem. Putování přes náš zdroj, tedy dalo by se říci přes náš projektor, je dle mého názoru přirozenější a bezpečnější cestou k poznávání paralelních světů.

Současný matrix

Výraz matrix se používá různě.
Ve sci-fi a spirituálních kruzích se dnes slovo matrix používá jako výraz pro simulaci původní reality a připodobňuje se k buddhistické iluzi

hmotného světa (mája). V této knize se tomu přizpůsobím, ale budu používat výraz „současný matrix", protože matrixy nejsou vždy tak nízkovibrační, jako je tento.

Archonti

Temní mágové a strážci současného matrixu.
Parazitují na planetě a živí je negativní emoce lidí. Často se nás během inkarnace ve hmotě snaží ovládat a vmanipulovat do svých her. Současný matrix je pro ně zajímavým experimentem. Je třeba s nimi zacházet jako s toxickými lidmi, tedy dát jim jasně najevo, že nad námi nemají žádnou moc. Pak je přestaneme zajímat.

Zdrojové pole

Energetické pole našeho zdroje, které nás propojuje se Zdrojem absolutna a původní realitou. Dalo by se říci, že je to náš Strom světa, který nám umožňuje putovat mezi paralelními světy přímo z našeho zdroje. Jeho součástí je světelné tělo zvané merkaba. Někdy je toto pole nazýváno aurické, já však v této knize zdůrazňuji důležitost Zdroje.

Elektromagnetické pole

Odraz zdrojového pole v hmotné realitě.
Dalo by se nazvat naším Stromem života.

OSOBNOSTI A BYTOSTI, KTERÉ V KNIZE OPAKOVANĚ ZMIŇUJI A JEJICHŽ MOUDROSTI A VZKAZY UVÁDÍM:

Zelený muž

Spolutvůrce jedné z elfích říší v původní realitě.
Vnímám ho od jisté doby jako svého spirituálního otce a rádce.

Gwyndiweth

Mé paralelní já, s nímž komunikuji o věcech přesahujících hmotnou
realitu.

Opúzie

Elfí žena propojena s královnou Anou z
Vnitřní Země. Od jisté doby je mou průvodkyní.

Ana

Královna a ochranitelka všech bytostí z Vnitřní Země. Je to záhadná
bytost, která se mi vždy zjevuje zahalena ve světle. Má melodický hlas a
často ji doprovází nadpozemsky krásná hudba.

Nuah

Elfí ochránce planety Země a bojovník za práva lidí. Pochází ze
souhvězdí Labutě, ale zůstává v kontaktu se svým rodem v nitru země.

Mistr Šan

Mudrc a léčitel z původní reality. Jeden z mých současných průvodců.

Vojtěch Jasný

Vizionářský režisér a můj první duchovní učitel v této inkarnaci.
I po jeho ochodu z hmoty s ním zůstávám v kontaktu.

Ivana A.

Výtvarnice a ilustrátorka, která rovněž putuje mezi světy. V této
inkarnaci je mou maminkou.

Hana Sar

Autorka, badatelka a mému srdci blízká bytost, která mě inspiruje k
prozkoumávání původu své duše a důvodu současné inkarnace ve
hmotě. Považuji ji za svou moudrou rádkyni.

Ayn Cates Sullivan

Keltsky orientovaná autorka a nakladatelka, která vydala některé mé
knihy a v průběhu let jsme se spřátelily. Naučila mě putovat mezi
paralelními světy pomocí stromových portálů.

PARALELNÍ SVĚTY A ELFOVÉ V MYTOLOGII A ÚSTNÍ TRADICI

ELFÍ A JINÉ PARALELNÍ BYTOSTI

V Irsku lidé průchodům do elfích světů říkali „sí", po staru „sídh" a v množném čísle „sídhe" (všechny tři slova čteme ší). Ve Skotsku byl název podobný, a sice „sìth" (také čteme ší). Stejné jméno náleželo i jejich obyvatelům. V Irsku se jim ovšem také říkalo „aos sí" (čteme ís ší), „aes sídhe" (čteme aj ší) a ve Skotsku „daoine sìth" (čteme dóňje ší). Ve všech zmíněných příkladech je doslovný překlad „obyvatelé vílích kopců". V Anglii byly tyto bytosti známy pod jménem „fairie" či „fairy". Na Islandu je nazývali „álfar". Ve staré norštině jim říkali „alfr" a staré anglosaštině „ælf", což už více připomíná slovo „elf".

Ve světě je mnoho legend o tajuplných bytostech z paralelních světů přicházejících z hvězd, skal, vody či podzemí. Například severoameričtí Čerokézové se potkávali s bytostmi jménem Nunnehi. Dle legendy zachránili Nunnehi část Čerokézů tím, že jim vytvořili portál do svého světa ve skalách. Obdobně tomu bylo u kmene Hopi. Těm zase pomohl

při invazi bělochů tajemný lid zvaný *Anu Sinom. Tento lid* znal vchod do bezpečných říší pod povrchem zemským. Stejně jako irští elfové jsou i Nunnehi spojováni s veselou náturou, láskou k hudbě, hrám i tanci. Portály do jejich říše byly rovněž ukryty ve skalách a pod povrchem zemským. Někteří Nunnehi prý byli podobné výšky a vzezření jako lidé dnešního typu, jiní zase menšího vzrůstu.

V západní Africe se menším typům humanoidů říkalo Aziza. V knize *The Fairy Mythology* (Vílí mytologie) popisuje autor Thomas Keightley i tajemné bytosti lidu Wolof v západní Africe, jimž místní říkali Yumboes. Tito humanoidi prý dorůstali výšky šedesáti centimetrů, měli perleťovou pleť a stříbřité vlasy. Původní obyvatelé Austrálie znali své sousedy z paralelního světa pod názvem Mimis. Byli prý tak tencí, že se dokázali schovávat i ve skalních trhlinách. Tento lid byl považován za dobrosrdečný a málokdy nebezpečný. V Japonsku jsou duchové přírody zváni Kami a jsou prý skrytí v „původním světě".

Na Islandu, kde doposud většina obyvatel věří na elfy, je známo mnoho příběhů o putování mezi hmotným světem a paralelními říšemi z původní reality. Jedním z nich je příběh dívky Margaret narozené roku 1908. Ta se prý setkávala s léčitelem z jiného světa, jemuž říkala Fridrik. Fridrika v okolí vídalo více místních obyvatel, zvláště ti s darem jasnozření. Margaret o svých zážitcích napsala v šedesátých letech minulého století knihu, dnes je ovšem již dostupná pouze v islandských knihovnách.

Margaret od dětství viděla ve skalách nad svou rodnou farmou podivuhodná světla a později z nich začaly vycházet i éterické bytosti. S Fridrikem putovala především ve spánku a on jí ukázal různé paralelní světy, které navštěvovali přes něco, co Margaret nazývala „živoucí temnotou". Domnívám se, že se jednalo o Zdroj.

Některé z těch světů Margaret popsala jako „zahalené do mlhavého, zlato-růžového světla". Byly tam i říše plné krásných lesů a květin, kde se nacházelo mnoho nadpřirozených a okřídlených bytostí včetně již

zaniklých, mytických zvířat. Margaret se tam také setkala s již zemřelými lidmi ze svého okolí, které sice neznala, ale místní jí potom pravdivost jejich bývalé existence ve hmotě potvrdili. Světlo v říši plné mytických zvířat bylo prý nažloutlé, zlatavé. Když mi můj manžel, Islanďan Gunnar, překládal text o této dívce, bylo to, jako kdyby popisoval krajiny, jež jsem rovněž ve spánku od dětství navštěvovala.

Ve starých textech se odlišuje podzemí či podsvětí a Vnitřní Země, jelikož zatímco podzemní říše jsou podobně nízkovibrační jako náš povrchový svět, Vnitřní Země je z našeho pohledu rájem. Jedná se totiž o jemnohmotnější a mnohem harmoničtější realitu, která je částečně propojena s tou hmotnou. Je tam nádherná krajina a zvířata tam s humanoidy žijí v harmonii, aniž by si ubližovali či se navzájem požírali. Města a obydlí jsou v souladu s krajinou a místní obyvatele zajímá především přírodní věda, filozofie, umění, alchymie a magie.

Žijí tam lidé elfího, vílího i mytologického typu, kteří jsou dobrosrdeční a rozverní, milují hudbu a tanec, rádi oblékají barevné oblečení a živí se především ovocnými šťávami a rostlinnými esencemi. I přes to, že k lidem většinou nechovají příliš velkou důvěru, v dobách nouze jim byli nápomocní a občas vybrané lidské rody či jedince převedli do bezpečí. Příběhů o jejich existenci je po celém světě mnoho, avšak já se detailněji zabývám převážně severskou a irskou mytologií, tudíž se na ně zaměřím i v této knize.

ELFOVÉ ZE SEVERSKÉ MYTOLOGIE

V severské mytologii jsou záhadní, paralelní obyvatelé planety známí jako „álfar" žijící v říši zvané Álfheim. Jelikož se postupem času spíše ujal název „elf", přizpůsobím se tomu. Pojďme se však podívat na původ a význam islandského slova álfur (plurál álfar). V islandštině jsou dva výrazy pro labuť, a sice „svanur" a „álft". Elfové by tedy mohli být přímo spjati s labutěmi. Ve staré keltštině byla zase labuť „eli" a ve staré irštině „elu", takže i slovo elf se váže k labuti.

Když jsem se toto dozvěděla, bylo to pro mě krásné potvrzení toho, že elfí rod přišel na planetu Zemi ze souhvězdí Labutě. Předpona „al" se může rovněž vztahovat ke starogermánskému „albiz" a latinskému „albus", tedy slovům pro „bílou barvu". Proto se lidem bez pigmentu říká albíni. Zajímavé je, že elfové bývají bělovlasí i černovlasí a labutě jsou bílé i černé. Možná i proto se jim tak říkalo. Jejich domovské souhvězdí přece nemuselo být interpretováno jako labuť, dost možná je název konstelace odvozen od zjevu tamních obyvatel. Navíc jsou elfové éteričtí a dokáží se vznášet a někteří i létat.

Severské *Eddy* se věnují několika paralelním světům a Stromům světa, ale také zmiňují společný prapůvod a Zdroj. Nejstarší spis islandských písní, *Poetická* nebo také *Starší Edda*, nazývá hmotný svět Midgard (Středozem), svět obrů Jötunheim, svět elfů Álfheim a svět dvou božských ras - Ásů a Vanů - zase Asgard a Vanaheim. Svět dvergarů (trpaslíků i skřítků) bývá spojován s podzemím Midgardu a rod trolů a monster většinou připlouvá na sever Evropy od východu.

Zpočátku byly, zdá se, všechny tyto říše propojeny a staraly se o ně stejné skupiny bohů. Bůh Freyr, jenž měl na starosti právě Álfheim, byl považován za nejlaskavějšího boha a patřil k rodu Vanů (islandsky Vanir). O elfech a elfí říši se v *Poetické Eddě* nepíše dopodrobna, což asi

znamená, že elfové byli nekonfliktní, protože tento soubor písní se zabývá především dávnými spory a válkami mezi bohy. Álfheim je ovšem zmiňován jako jeden ze světů, který byl také poznamenán Ragnarokem, zkázou původního záměru pro planetu. Z mnoha zdrojů si opakovaně ověřuji, že Ragnarok popisuje dávný úsvit současného matrixu.

Při svých studiích se věnuji především *Poetické Eddě*, sbírce prastarých severských písní od neznámých autorů. Pozdější Prozaická Edda je již výrazně zabarvena křesťanstvím a fantazií autora Snorriho Sturlusona. Beru ji tedy s rezervou. Když se v *Poetické Eddě* popisují jména pro elementy v různých říších, Álfheim nemá slovo pro oheň, z čehož jsem usoudila, že tam oheň zastupuje světlo a elfové jsou spíše světelné bytosti. To potvrzuje i jejich vztah ke slunci. Slunečnímu vozu severské bohyně slunce zvané Sól se říkalo „Álfröðull", což doslova znamená „elfí paprsek" nebo „elfí sláva".

V záhadné severské písni neznámého původu zvané *Odinova havraní píseň* se dozvídáme o zvláštním příběhu jedné víly, která klesla do podzemních prostor a kvůli tomu onemocněla na těle i na duši, jelikož její říše byla mnohem harmoničtější. Zde je úryvek:

V údolích dlí
jasnozřivá dís (víla)
u Yggdrasilu (Stromu světa).
Je potomkem jasanu
a z rodu álfarů (elfů).
Idun jí říkali.
Byla nejmladší
z dětí nejstaršího
dvergara (trpaslíka či skřítka) Ivaldiho.

Stěží tolerovala

svůj pád.

Pod stromem zšedivělým,

pod jeho kmenem skrytým,

u Norviho dcery (Norvi je obr personifikující noc)

dobře nebylo jí.

Zvyklá byla na lepší

domov ve své říši.

Bozi vidí

Nanu (vílu) truchlící

ve vlčím doupěti.

Vlčí kožich jí dali

a ona se jím oděla.

City své však poté změnila,

záludnosti si zalíbila

a dosti se změnila.

Odinova havraní píseň (orig. *Hrafnagaldr Óðins*, Island, cca 17. století,
nebo mnohem starší)

JINÝ SVĚT Z IRSKÉ MYTOLOGIE

Irské písně z raného středověku zvané „echtra" či „immram" vypráví o paralelní říši zvané Otherworld, tedy doslova Jiný svět. Někdy se jí říkalo i Země jablek (orig. Emain Ablach či velšsky Afallon a anglicky Avalon) a jindy Území medu (orig. Mag Mell) nebo Země věčného mládí (orig. Tir na nOg). Tyto říše byly přístupny skrze portály na moři a pod kopci zvanými „sí" (čteme ší), ale i přes tajemnou mlhu, která může být ekvivalentem severského světa mlhy a ledu.

Jiný svět je popisován jako zcela harmonický a mírumilovný. Žije se tam bez hříchu, utrpení, bolesti, stárnutí a smrti. Existují tam mytická zvířata zvláštních barev a také světelní, zářící lidé. Všichni spolu fungují v symbióze a bez nutnosti požírání jeden druhého, tudíž tam neexistuje stejný potravinový řetězec jako ve hmotě. Místní obyvatelé konzumují pouze ovoce, rostlinné esence, ale také víno a medovinu.

Nejznámější ze starých irských písní je ta o hrdinovi zvaném Oisín (čteme Ošín). Ten odešel do Jiného světa pro lásku k Niamh, dceři tamního krále. Po pár letech strávených v té nadpozemsky krásné říši se však Oisínovi začalo stýskat po bližních a zatoužil opět navštívit svůj domov v Irsku. Jeho milá mu to rozmlouvala, protože tři roky v jejich světě odpovídaly tři sta rokům v tom našem (a tak je tomu ostatně v mnoha jiných legendách o elfích a vílích říších). Oisín ovšem na své cestě do Irska trval, a tak mu Niamh zajistila převoz mezi světy pomocí magického bílého koně. Varovala ho ale, že při své návštěvě nesmí stoupnout na zem, jinak by ihned zestárl o tři sta let a zemřel. Při návratu do Irska Oisín posmutněl, protože uplynuly stovky let a on už nic a nikoho nepoznával. Než se ovšem stačil vrátit zpět do Jiného světa, potkal starého muže, který potřeboval pomoc. Empatický Oisín instinktivně seskočil z koně a v tom okamžiku zestárl o tři sta let a zemřel. Smutný to příběh, i když velmi poučný, co se týče putování mezi tímto a Jiným světem, kde čas plyne jinak.

Píseň *Cesta Brana* ze sedmého století našeho letopočtu zmiňuje dávné oddělení tohoto a Jiného světa. Popisuje se v ní, jak se hrdina Bran plavil po moři a potkal krále z Jiného světa jménem Mannanán Mac Lir. Onen tajemný král Branovi vysvětlil, že Jiný svět pochází z „počátku existence", než proběhlo, dle jeho slov, „zahuštění hmoty". Jejich svět je prý „bez bolesti, stáří a nemoci" a „hřích k nim nikdy nedorazil". Zajímavostí je, že staří Germáni věřili, že jsou potomky boha Manuse, syna boha Tuisto, jenž žil pod zemí. Mannanán a Manus by tedy mohli být totožnou osobou.

Zde je můj překlad pasáží z písně *Cesta Brana* (orig. Immram Brain či The Voyage of Bran, Irsko, 7-8.století, z původního překladu keltského učence Kuno Meyera z roku 1894):

Počasí u nás vždy dobré je
a stříbra třpyt dopadá na zem.
Čistě bílý útes, skalní hřeben nad mořem,
které ze slunce přijímá teplo své.

Podél Mag Mon hostitel pluje.
Krásná hra to je a nezeslabuje.
V pestré zemi nad krásou její
ani úpadku, ani smrti tam není.

I v noci hudba tam zní,
do Ildathachu jdi,
pestrobarevná to země, diadém krásy,
bílá oblaka se tam na nebi blyští.

Třikrát padesát vzdálených ostrovů
na západ od nás se nachází v oceánu.
Dvakrát či třikrát větší než Erin (Irsko)
je každý z nich.

A zde je další úryvek:

Losos vyskočil z lůna moře
na něž právě vy, mořeplavci, hledíte.
Avšak v prostoru stejném
se u nás mezitím pasou na trávě
telátka a barevná jehňátka.
Všechna zvířata jsou zde spřátelená,
neloví se navzájem tak jako u vás.
Na voze je vidět jezdec,
na pláni s mnoha květinami,
Mag Mell říkáme jí.
Mnoho koňů se na ní pase,
i když ji mořeplavci nevidí.

Ta velikost pláně a počet hostitelů!
Barvy radostně září svou čistotou.
Krásný proud stříbra a plátna zlatá.
Dopřejte si přivítání s hojností velkolepou.

Krásná hra, nejúžasnější,
hrají si u dobrého vína,
krásné ženy a krásní muži,
bez hříchu, bez zla.

Podél lesa tvá loď pluje,

přes hřebeny hor cestuje,

ovocné stromy jsou zde místo vody,

neviditelné, a přece přítomné pod tvou lodí.

Lesy plné květů a ovoce

a omamná vůně vinné révy.

Dřevo bez kazu, plody bez vady,

listy věčně zlatavého zabarvení.

POROVNÁNÍ SEVERSKÝCH A IRSKÝCH BOHŮ

V severské a irské mytologii jsou elfové spřízněni s bohy a stejně jako elfové jsou i bohové často spojováni s paralelními světy, tudíž bych se na toto téma také ráda zaměřila. Prastará severská *Píseň vědmy* z *Poetické Eddy* zmiňuje prvotní hřích jako hřích bohů, nikoliv lidí, jak je tomu v Bibli. Důvodem tohoto hříchu byla žena pracující s temnou magií. Marný pokus o její zničení odstartoval první válku mezi bohy na Zemi. Třikrát ji upálili, a ona přesto pokaždé vstala z mrtvých. Měla tedy schopnost obnovit svou fyzickou formu, či ve skutečnosti ani nebyla hmotná?

Války bohů a zneužití magie jsou témata mnoha světových mytologií. V té irské válčili Tuatha Dé s původními obyvateli Irska Fomorijci (orig. Fomori) a následně se svými příbuznými - Fir Bolgy. Otázkou zůstává, zdali prvotní nepřátelé rodu Tuatha Dé zvaní Fomorijci vždy žili pod povrchem, či se tam uchýlili až po příchodu Tuatha Dé. Podle legend tam nakonec skončily oba rody, i když dle novodobých irských historiků je i toto sporné. Fomorijci byli později popisováni jako monstra, ale někteří badatelé se domnívají, že se ve skutečnosti jedná o pradávné a původní obyvatele, kteří byli za raného křesťanství démonizováni.

V Irsku se prý Tuatha Dé objevili poté, co krajinu zahalila tajemná

mlha. V severské mytologii je mlha spojována se ledovým územím zvaným Níflheimr, které vede do říše mrtvých Hel. Z Hel se ve středověku stalo peklo, ale dříve byla pouze přechodnou podzemní stanicí mezi světy. Dle vlastních zkušeností se také někdy nacházím v mlze a vidím duchy, než projdu do původní reality, a proto se domnívám, že se jedná pouze o jakousi průchodnou říši či očistec.

Tuatha Dé byli potomci dávného rodu Nemed, který se rozdělil na dvě skupiny. Ti, kteří odjeli na jih, si začali říkat Fir Bolg, v překladu doslova „lid pytlů", a z těch, kteří kočovali na sever, se stali Tuatha Dé. Na nejsevernějším severu prý našli zemi zaslíbenou se čtyřmi hlavními městy, kde se vyučovalo umění a mocná magie. Tato idylická země by mohla být ona bájná Hyperborea, nazývána také Země za severním větrem, která byla dle Řeků rozdělena do čtyř částí a nacházela se na sever od Thrákie. Hyperborea byla popisována jako ideální místo, kde vládlo mírné počasí a žil tam mírumilovný lid. Mohlo se jednat o Vnitřní Zemi. Mnozí mystikové a badatelé, údajně včetně admirála Richarda E. Byrda, tvrdili, že se v okolí severního pólu nachází tajný vstup do Vnitřní Země.

Ale zpátky k irské mytologii: Lid Tuatha Dé sice zvítězil nad Fomorijci a posléze i nad částí svého rodu, tedy nad Fir Bolgy, avšak údajně již nepřemohl Milesiany, galský kmen ze Španělska. Mnoha dnešním historikům se toto zdá nepravděpodobné a domnívají se, že za raného středověku, kdy byla v Irsku sepsána *Kniha invazí* (orig. Book of Invasion), došlo k záměrnému matení obyvatel a přerušení jistých rodových linií. Někteří autoři a učenci, například keltista sir John Rhŷs, považují Fir Bolgy a Milesiany za totožný kmen. Jiní se domnívají, že Tuatha Dé nikdy neodešli a jsou přímými potomky dnešních Irů. Autor a badatel Barry Fitzgerald, který se tímto tématem hlouběji zabývá, považuje Tuatha Dé za ten kmen, který vystrnadil původní, mírumilovný a dnes již zapomenutý lid.

V některých starších textech jsou Tuatha Dé považováni za totožné s aes sídhe (čteme aj ší). Aes sídhe, v překladu „lid vílích kopců", však dle

mého názoru spíše odpovídá severským álfar neboli elfům. Jak dobře víme, historie se často překrucovala a zabarvovala. Kdo tedy ví, zda mezi sebou tyto božské rody skutečně válčily či zda vůbec existovaly. Z mé zkušenosti o všem více napovídají samotné jazyky než texty upravené podle různých dobových trendů a politických záměrů. Tuatha Dé znamená doslova „božský kmen". Později se k tomu přidalo slovo „Dannan", a z těchto mytických bohů se tedy stal „božský lid bohyně Danu/Dany". Bohyně Dana i Danu je často spojovaná s řekou Danube čili Dunajem, ale také je ztotožňovaná s prapůvodní irskou bohyní zvanou Anu, Ana či Anann a Anand. V současnosti se Matce Zemi často říká starořeckým názvem, Gaia, avšak v Irsku byla Matka Země zvána právě Ana.

Fomorijci jsou zase spojováni s podmořským světem, jelikož „fo" znamená „pod povrchem" a „mor" „moře". Anglické slovo pro nepřítele „foe" by mohlo být také odvozeno právě od slova „fo". Fomorijci tedy mohou být jedním z podzemních rodů.

MÉ ZKUŠENOSTI

V původní realitě je mnoho paralelních světů s různými druhy mytologických bytostí včetně elfů a víl. Od malička jsem je navštěvovala ve snech, ale vědomě jsem tak začala činit teprve před asi jedenácti lety. K vnitřnímu putování mě povzbuzují dvě moudré ženy: Jednou z nich je Hana Sar, která mě inspiruje k prozkoumávání historie své duše, a druhou Ayn Cates Sullivan, jež mě naučila putovat stromovými portály. Postupem času jsem si vytvořila vlastní vnitřní portály, ale také začala pro přechod používat prostupy v krajině. To však popíši podrobněji v následujících kapitolách.

Během svého putování do paralelních říší jsem si začala uvědomovat,

že máme v původní realitě všichni více domovů a já se teprve učím poznávat ty své. Tuto knihu považuji za první krok k jejich popsání. Od té doby, co jsem se začala rozpomínat na své elfí světy, začalo docházet i k propojování s tamními bytostmi. Potřebovala jsem ovšem nějaká fyzická potvrzení našeho kontaktu, tudíž mi moji paralelní přátelé začali dávat různá znamení. Například nechali některé věci před mým vlastním zrakem zmizet a poté jsem je našla na zcela nelogických místech. Ačkoliv to pro mě bylo neuvěřitelné, pro ně je to velmi snadné, jelikož mohou snadno prostupovat naší hmotnou realitou. O svých zkušenostech s elfy se však ještě postupně rozepíši…

2

DRUHY ELFŮ A JINÝCH PARALELNÍCH BYTOSTÍ

V původní realitě existuje neskonalé množství bytostí elfího a vílího typu. Podobně jako tamní světy se i ony staly předlohami pro hmotné a jemnohmotné kopie. V této kapitole bych se ráda zaměřila na ty z nich, které mají souvztažnost s naší planetou a její jemnohmotnou verzí před nastavením současného matrixu. Naši keltští předci uchovali v Irsku, Skotsku a na Islandu informace o našem propojení s pradávnými, dnes již mytickými obyvateli.

Skvělým zdrojem informací o různorodých paralelních bytostech je skotská kniha ze sedmnáctého století zvaná *Tajná společenství elfů, faunů a víl* (orig. Secret Commonwealth of Elves, Fauns and Fairies). Byla napsána Robertem Kirkem a vydána až po jeho záhadném odchodu z tohoto světa. Kirk byl ministr a folklorista, kterého na rozdíl od mnoha jiných autorů jeho doby fascinovaly pohanské tradice a místní folklór. Popisoval nadpřirozené bytosti s nezaujatým postojem a otevřenou myslí.

Kirk prý často chodíval na elfí kopec nedaleko svého domova a tam také jednoho dne skonal. Někteří však tvrdili, že jeho tělo nebylo na kopci nalezeno, protože se ve skutečnosti propadl do země. Zjevil se prý na svém pohřbu a oznámil, že ho unesly bytosti z Jiného světa a uzemněn může být pouze tím, že přes jeho hlavu někdo přehodí dýku. Nikdo tak neučinil, a on tedy zmizel navždy. Toto tvrzení je ovšem nutno brát s rezervou. V té době již byla víra ve víly a elfy spojována s podsvětím a démonickými silami, tudíž mnoho příhod a historek tohoto typu mohlo být poupraveno.

Ve své knize Kirk popsal různé typy paralelních bytostí. Některé byly mírumilovné a harmonické, jiné nebezpečné a krvežíznivé. Skotští obyvatelé tedy znali nejen elfy a víly, ale také hrůzostrašné nestvůry z podzemních říší, dále pak duchy a přízraky a možná i mimozemšťany, pro něž tehdy chyběl název.

Na začátku knihy popisuje Kirk jemnohmotné bytosti typu elfů. Uvádí, že mají éterický vzhled a jsou něco „mezi andělem a člověkem". Jejich těla bývají „fluidní jako zhmotněný vzduch". Dokáží se zhmotnit a odhmotnit dle libosti a v různých výškách. Zjevují se většinou krátce po západu slunce či před úsvitem, tedy mezi dnem a nocí. Co se týče ročních období, preferují také mezidobí, a sice slunovraty, rovnodennosti a jiné magické keltské svátky, například Imbolc, Beltane, Lughnasadh či Samhain. Jelikož je místní znali jako své pomocníky a rádce, říkalo se jim někdy i „good people", doslova „dobří lidé". Skotský výraz „wee folk" a anglický „little people", v překladu „malí lidé", se elfům příliš nelíbí, což mi ostatně sami sdělili.

Ve Skotsku, Irsku i Anglii jsou známy různé druhy paralelních bytostí od těch nejlaskavějších elfů po rozverné víly a šibalské skřítky, zlatachtivé trpaslíky až po záludné skřety neboli gobliny, kteří jsou však spíše spojováni s podzemními říšemi. Jednou přátelskou a pro lidi podpůrnou skupinou jsou moji oblíbení hobové.

HOBOVÉ A SKŘÍTCI

Hobové většinou dosahují výšky tříletého dítěte a mají bledou, lehce nahnědlou kůži, proto se jim také říkalo „brownies" a ve Skotsku „broonies", v překladu něco jako „hněďáčci". Mnozí z nich se starali o zahrady a domy laskavých lidí. U nás se jim někdy říká šotkové a ve slovanských pohádkách jsou známí jako domovojové. Autor J.R.R. Tolkien se jimi inspiroval pro postavy hobitů a autorka J.K. Rowlings zase vykreslila krásný typ hoba v podobě domácího elfa Dobbiho.

S hoby se často setkávám ve snech, ale vnímám jejich jemnohmotnou přítomnost i v naší zahradě. Poprvé za mnou přišli poté, co zemřel náš kocourek Thor a byl připraven se téměř ihned inkarnovat zpět. Jeho příběh popíši v kapitole Matrix, astrál, reinkarnace a původní realita. Jako správní ochránci našeho domu a rodiny pomohli hobové Thorovi s jeho novou inkarnací a ve snu mi ho přišli ukázat, abych si o něj nedělala starosti. Nazvala jsem je tehdy „podivnými, vrásčitými dětmi", což je urazilo, a navíc se divili, že je nepoznávám.

Hobové mají v oblibě potrhané šatstvo a považují ho za krásné. Urazí se, když jim lidé nabídnou nové oblečení, dokonce někdy kvůli tomu domov dotyčného opustí. A nikdy se nenechají podplácet. Vlídné slovo však zaslechnou rádi a sladkosti nebo ovoce si nabídnou dle potřeby sami.

V českých pohádkách známe ještě menší elfy, a sice skřítky. Žijí většinou v lesích a staví si příbytky ve stromech, pod zemí či v podhoubí. Pokud prý v noci houby svítí, jsou jimi obydleny a nemají se rušit. Skřítci jsou veselí, roztomilí a jako všichni elfové mají svraštělou, bledou pleť a nosí barevné oblečení. Někdy nás rádi poštívají, ale většinou se drží stranou a zhmotňují se pouze těm, kterým důvěřují.

PROMĚNLIVÍ ELFOVÉ

Ve svých snech a během vnitřního putování jsem se setkala s různými typy elfů. Název elfové se jim líbí, ale výraz „malí lidé", jak jim někteří říkají, se jim ani trochu nezamlouvá. Dokáží totiž hravě měnit výšku i věk. Když jsem jednou ve snu viděla průvod malých elfů a nazvala je „překvapivě malinkatými", šťouchli mě do loktu a jejich dotek jsem cítila i po probuzení. Nutno podotknout, že vedle mě v tu chvíli nikdo neležel a ten dotek byl velmi skutečný. Často mi takto dávají najevo, že mé putování ve snech je opravdové, protože mám jako každý rozumný člověk tendenci o všem pochybovat a potřebuji potvrzení i v naší hmotné realitě.

Dle mé zkušenosti mají všichni elfové rádi hudbu a tanec. Často vidím skupiny elfů tančit ve veselých průvodech. I když většinou preferují lesy a louky, ve městech se také vyskytují, i tam se ovšem raději zdržují v zahradách, parcích a jiné zeleni. Elfy můžeme zahlédnout v krajině jako přízraky z dob před nastavením současného matrixu, kdy s námi ještě žili na stejné frekvenci. Mohou nás však navštívit i z původní či jemnohmotné reality a Vnitřní Země. Zjevují se těm z nás, kteří se s nimi dobře znají z předchozích či paralelních inkarnací, ale také skeptikům, zvláště když je chtějí trochu poškádlit.

Mnoho lidí zažilo nějakou tu elfí a vílí rozvernost. Mají rádi blyštivé věci, sladkosti a barevné oblečení. Některé kousky z naší skříně si klidně na čas vypůjčí a následně je vrátí na nějaké zvláštní místo. Potom se zpovzdálí chichotají tomu, že je marně hledáme. Když jsem požádala elfy o nějaké hmotné potvrzení jejich existence, něco se kolem mě mihlo a v tu chvíli mi zmizel prstýnek z pravé ruky. Následující den jsem ho všude hledala a našla jsem ho až pod svetrem, který jsem nechala ležet na křesle.

Jindy si elfové na čas vypůjčili mé oblíbené zelené šaty. Bylo to na dovolené v Rakousku. Měla jsem je tam několikrát na sobě, ale při balení kufrů jsem je nemohla nikde najít. Objevily se až doma ve skříni. Bylo to, jako kdybych si je s sebou nikdy nevzala! Takové jejich lumpárny mě ale nakonec vždy potěší, protože je to potvrzení jejich mocné manifestace, jež naprosto přesahuje nastavené limitace současného matrixu. Bytosti z elfí říše se v našem světě zjevují snadno. Někdy si i na čas vytvoří lidskou formu, ale dělají to nerady. Prý to je to pro ně zvláštní pocit, něco jako obléknout si těžký a huňatý zimní kabát.

Všechny vílí a elfí bytosti milují zaoblené tvary a spirály. Proto vytváří ony houbové a květové kruhy. Některé kruhy v obilí jsou také jejich tvorbou. Jak je rozeznáme od těch mimozemských? Nejsou tak přesně geometrické, spíše působí jako „vytančené" víry a často je má na svědomí silný vítr. Elementálové vzduchu s elfy rádi spolupracují.

Jednou se takovéto kruhy objevily v poli obilí u mého oblíbeného portálu do elfí říše. Pochopila jsem, že to byl vzkaz od elfů, jelikož kruhy byly nepravidelné a vytvářely obří ovály propojené do srdíček. Když jsem v tom obilí ležela a meditovala, vnímala jsem blízkost svých spřízněných elfů a jiných vysokovibračních, paralelních bytostí. Navíc ty kruhy dohromady vytvořily runu laguz, která má vazbu k souhvězdí Labutě, tedy i k elfům (více v kapitolách o souhvězdí Labutě).

Autor John Matthews, který se s elfy neboli sidhe setkává a napsal o tom knihu, doporučuje pro lepší propojení s nimi glyf tvaru spirály s vertikálou uprostřed. Knihu vřele doporučuji, protože je jednou z těch skutečných, ryzích příběhů.

KVĚTNÍ VÍLY A OKŘÍDLENÝ HMYZ

Někteří elfové a okřídlené květní víly, kterým se v Anglii říká „sprites", se nám často zjevují v podobě okřídleného hmyzu, například vážek, motýlů, zlatooček, můr, včel, čmeláků i vos či sršňů. Propojení elfů s hmyzími formami se mi potvrdilo během vnitřního putování mezi světy. Při jedné z těch cest jsem viděla skupinu broučků, které vedl do bezpečí jejich elfí ochránce. Byl to asi tak centimetrový mužík oděný v barvách svých hmyzích svěřenců. Telepaticky mi sdělil, že je musí zavést do bezpečí. Často si říkám, že ti malincí, nebo abych je nerozzlobila zmenšení, elfové jsou vlastně ochránci hmyzu, zvířat a rostlin, protože právě u nich se nejčastěji vyskytují. Kromě okřídleného hmyzu mají rádi především zajíce a kočky. Kočky a zajíci se často přátelí a nejednou jsem jejich setkání pozorovala na poli před naším domem. Psy mají také rádi, ale spíše ty mírné povahy.

Jedna květní víla v podobě vážky mě před rokem upozornila na nemoc naší mladé meruňky. Poté co jsem ji zachránila před utopením v kádi s vodou a položila ji na větev oné meruňky, aby si odpočinula, prolétla několikrát kolem mé hlavy a poté se ustálila přímo nad napadenou částí stromu. Hned jsem meruňku ošetřila a nyní se kolem ní objevují kruhy květin a vnímám v její blízkosti mnoho víl a skřítků. Květní víly milují stromy a divoké byliny a dokáží pomocí nich vytvářet esence, které léčí mysl i duši a chrání jemnohmotná těla před temnou magií. Proto jsou skvělými pomocníky bylinkářům a sběratelům divokých rostlin.

Jako všichni z elfího rodu ovládají i květní víly magii, manifestaci i alchymii a dokáží snadno zhmotnit a odhmotnit sebe i některé, kteří jim to dovolí. Mně takhle jednou pomohly zhmotnit mého psa Maxe. Ležela jsem na louce u svého oblíbeného elfího portálu a poletovaly kolem mě

malé mušky s roztomilými tvářičkami. Náhle jsme se všichni prolnuli do elfího světa, kde se z mušek staly luční víly a ty se začaly proměňovat v mého milovaného zlatého retrívra Maxe. Dovolily mu tak uskutečnit návštěvu ve hmotě a já se mohla opět potěšit s jeho nádhernou formou. Tento konkrétní elfí portál je chráněn včelami, které si v kopci pod ním udělaly ohromný úl. Včely mají v mnoha legendách a příbězích spojitost s elfími říšemi. Někdy je i propojují s naší hmotnou realitou.

MÍŠENCI

Rohaté bytosti, kde je zkřížen humanoid s jelenem, kozou, či ovcí, obývají různé elfí říše. Nazvala bych je fauny. Při svých návštěvách paralelních říší jsem několik z nich potkala. Zdají se být asimilovaní s jinými obyvateli tamních světů a nejsou pouze mužského, ale i ženského pohlaví. V českých pohádkách je známe jako čerty. Jsou rozdílní od klasického pojetí ďábla a obývají i některé říše pod povrchem.

V elfí říši Zeleného muže žijí různorodé rohaté bytosti a on sám na sebe tuto podobu rád bere. Zelený muž je prototypem keltského boha přírody a plodnosti zvaného Cernunnos, který je také připodobňován k severskému bohu elfí říše Freyrovi. Někdy rohy těchto přírodních bohů působí jako větve a zdá se, že i geny stromů se dříve křížily s geny humanoidů. Zajímavým příkladem propojení stromových, lidských i zvířecích genů je slovanský lešij, lešovik či lesní muž. Tento pán lesa je rohatý humanoid s kůží drsnou jako stromová kůra a částečně rozvětvenými končetinami. V lese nabývá obřích rozměrů a na louce se naopak smrskne do mužíka velikosti stébla trávy.

Jednoho lešije máme v lese nedaleko našeho domova a někdy vydává prapodivné zvuky. Asi proto mu lidé říkávali také hejkal. Své oblíbené lesy střeží lešijové velmi bedlivě. Našemu lešijovi se ze začátku nelíbilo,

když jsme mu začali lézt do jeho lesního království. Lidem nedůvěřuje a nepomáhá tomu fakt, že do jeho divokých lesů chodí lovci, dřevorubci, motorkáři a tací, kteří si přírody neváží, kácí zbytečně stromy a dělají nepořádek. I my jsme si museli získat jeho důvěru. Jednou mě zastrašil tím, že těsně vedle mě shodil ze stromu velkou soušku. Až když nás lépe poznal, spřátelili jsme se s ním a jeho les pro nás začal být vlídnější. Někdo se domnívá, že příkladem lešije je také Krakonoš, strážce krkonošských lesů.

V původní realitě jsou různé typy stromových elfů neboli řeckým jazykem dryád, ale nejsou pouze ženského pohlaví. Stromy tam bývají proměnlivé, tedy mohou se ustálit ve stromové formě i se proměnit do humanoidních tvarů. Takovéto stromy se někdy manifestují i ve hmotě a jsou to mocní strážci lesů. Ve Vnitřní Zemi, kde je mnoho takovýchto bytostí uchováno v původní formě, jsem viděla pohybující se stromy s tvářemi a rozvětvenými končetinami. Dojalo mě, když mi jeden z nich donesl nabídnout své ovoce. Ve Vnitřní Zemi je vše přirozeně mírumilovné, laskavé a dobrosrdečné.

Další míšenci humanoidů a zvířat jsou vodní lidé, například vodníci či hastrmani, nymfy, mořské panny a sirény. Z irské a severské mytologie známe také bytost zvanou selkie. Je to víla moře, která na sebe bere lidskou nebo tulení podobu. Jako všichni z původní reality jsou i vodní lidé mistři alchymie a magie. Dokáží se proměnit v cokoliv, dle toho, jak chtějí na své okolí právě zapůsobit: Zda někoho potřebují odstrašit, či naopak získat jeho přízeň. Většinou se však zdržují u svého oblíbeného elementu.

VNITROZEMCI A PŮVOD ELFÍ RASY VE HMOTĚ

Během rešerší, vnitřního putování a při vzpomínání na dávnou historii naší planety jsem zjistila, že v jemné hmotě je elfí rod spojen se souhvězdím Labutě a následně s Vnitrozemci, jelikož Labuťané se po povrchových válkách stáhli do nitra planety. Byli to lidé vyššího i menšího vzrůstu, tedy obři, hobové i skřítci. Z Labutě přišly také jisté druhy okřídleného hmyzu a mnoho květin. Jedná se o skutečně pradávnou minulost před nastavením současného matrixu. I naše planeta tehdy ještě byla jemnohmotná a pobývalo zde mnoho různorodých bytostí, které se inkarnovaly i umíraly vědomě.

Všechny typy elfů, tedy ti větší i menší, jsou křehcí, bledí, šlachovití a vrásčití, a to i když jsou mladí. Jejich oči jsou jaksi zapadlé a užší než ty naše, mívají vystouplé lícní kosti a tvář se jim u brady mírně ztenčuje. Někteří mají výrazné uši, někdy špičaté, jindy kulaté. Jejich vlasy, obočí i řasy bývají bílé jako křída i černé jako uhel. Hobové a skřítci však bývají také zlatovlasí, ryšaví a hnědovlasí. V původní podobě a realitě jsou všechny tyto bytosti éterické, světelné a proměnlivé, tedy mohou se zmenšit i zvětšit a vzít na sebe jakoukoliv podobu či změnit vzhled. V jemnohmotném vesmíru a ve Vnitřní Zemi však většinou žijí v ustálené podobě.

Na své domovské planetě byli trošku jiní, ale časem se přizpůsobili životu na povrchu a následně i pod povrchem této planety. Dnešní Labuťané vždy chrání své soukmenovce a jiné spřízněné bytosti inkarnované ve hmotě. Povzbuzují nás k probuzení se z nastavených limitací současného matrixu a ke znovuobjevení našeho původu. Obývají více planet v jemnohmotném vesmíru a na té naší se pohybují již pouze pod povrchem. Elfové nejsou ovlivněni současným matrixem, proto je běžně nevidíme. Postřehnout je chvilkově mohou pouze ti s darem

jasnozření, ale i tací šťastlivci, kterým se na chvíli zhmotní před očima.

Elfí lid střeží a chrání krystalické vědomí a srdce Matky Země, které se nachází v nejniternější části Vnitřní Země. Všichni elfové jsou propojeni s krystaly, křemeny a jinými minerály. Používají je ke komunikaci i k tvorbě své vyspělé technologie, jež se z našeho pohledu zdá být spíše magií. Krystalická Vnitřní Země vždy byla a stále je důležitou spojnicí mezi jemnohmotnou a původní realitou. Propojení mezi elfím rodem, Vnitřní Zemí a souhvězdím Labutě budu rozvádět v několika následujících kapitolách.

Jistým odvětvím elfů ve hmotné a jemnohmotné realitě jsou, dle mé zkušenosti a názoru, také trpaslíci a skřítci. V severské mytologii jsou dohromady zváni „dvergar" a první lidé byli kříženci jejich druhu, obrů a stromů.

ZLO VERSUS DOBRO V PARALELNÍCH ŘÍŠÍCH

Proč je ale třeba jemnohmotnou a vysokovibrační Vnitřní Zemi vůbec chránit? Považuji za důležité zmínit, že ne všechny bytosti z paralelních světů jsou mírumilovné. Za svého života jsem se mnohokrát setkala s vysoce manipulativními a zlými entitami nízkovibračních říší jemnohmotné reality. Někteří mi způsobili různá trápení, kterými se nechci v této knize zabývat, avšak považuji za důležité sdělit svůj postoj k nim.

Tak jako v pohádkách se i v našem světě odehrává neustálý boj mezi dobrem a zlem. Někdy je přímočaré, jindy za oponou. Ignorovat zlo nepomůže, bojovat s ním se však také nevyplácí. Mně osobně se osvědčila ignorace, a pokud si jisté entity nedají říct, potom rázná a nekompromisní blokace. Když si pomocí síly lásky a vnitřního světla vytvoříme ochranné štíty a uvědomíme si, že nad námi nikdo nemůže mít žádnou moc, snadno je odeženeme.

Jak ovšem rozpoznáme nízkovibrační entity od vysokovibračních? Ty nízkovibrační jsou vlezlé, nemají smysl pro humor a jako klíště se drží negativních emocí, které je i živí. Takové entity chtějí jen manipulovat a vysávat naši životní energii pro sobecké účely. Pokud v nás našeptávání nějaké paralelní bytosti, někdy chytře skryté do toku našich myšlenek, vyvolá strach, paniku a úzkost, nebo naopak pocit nadřazenosti, bude to zajisté nějaká nízkovibrační entita.

Vojtěch Jasný, můj první duchovní mentor, mě naučil je poslat pryč pomocí vnitřní asertivity a symbolu kříže. Jeden skvělý léčitel mi zase poradil mysl naladit na něco, co zvýší její vibraci. Zaměstnání mysli něčím smysluplným a láskyplným je dle mé zkušenosti skutečně skvělým štítem. Časem jsem pochopila, že kdybych bývala tyto negativní entity v útlém mládí nepoznala, nebyla bych schopna rozlišovat mezi podpůrnými a nepodpůrnými bytostmi z paralelních realit.

V dnešní době má mnoho spirituálně orientovaných lidí tendenci vnímat vše jako pouze dobré a podpůrné, což může být ve světě intenzivní duality docela velký problém. Navíc na cestě ke světlu vrháme ty největší stíny. I světelné bytosti se mohou stát oběťmi stinných entit. Většinou sice dotyčné pouze testují, ale někdy se jim podaří je stáhnout na svou stranu. Vnímání rozdílu mezi stinnou a světlou stránkou našeho nitra i světa je základem pro přežití v současném matrixu. „Důvěřuj, ale prověřuj" by dle mého názoru měla být jedna z nejdůležitějších manter nás, hledačů.

ELEMENTÁLOVÉ

Duchové elementů zvaní elementálové působí v hmotných, jemnohmotných i původních realitách, i když se projevují v každé trochu jinak. V tomto světě známe čtyři až pět elementů neboli živlů. Jsou jimi oheň, voda, vzduch, země a v mnoha asijských zemí také kov. Element jednotný a všechny spojující nazývali staří Řekové „éter" a ve východních kulturách mu říkají „čchi" nebo „prána". Éter propojuje nejen všechny ostatní nám známé živly, ale také hmotné reality s jemnohmotnými a původními. Oheň se v původní realitě projevuje jako světlo a ostatní živly jsou tam také světelnějšího charakteru.

Elementálové jsou nehmotné bytosti. Nevyhovuje jim žádná konkrétní forma, tudíž zůstávají svobodní a proměnliví ve svém oblíbeném živlu či více živlech. Mohou se projevovat jako vzdušní, ohniví, vodní, zemští, kovoví, a to na konkrétním místě i na více lokalitách zároveň. Někdy na sebe však mohou vzít formu humanoida či zvířete.

Elementárním bytostem vody lidé ve starém Řecku říkali „nymfy" a byly vnímány podobně jako slovanské rusalky. V irských a artušovských legendách jsou také známy jako jezerní paní. Žádné elementární bytosti však nejsou pouze jednoho pohlaví a bývají proměnlivé. Někteří elementálové preferují střežit určité místo, jiní putují krajinami, jak se jim zlíbí. Elementálové spjatí s živlem země obývají stromy a kameny či celé skály, hory a lesy. Víly stromů byly ve starověkém Řecku nazývány „dryády", ale podobně jako nymfy byly bezpohlavní.

Elementálové vzduchu se většinou nezdržují pouze na jednom konkrétním místě. Rádi vytváří kruhy v obilí či jiné přírodní úkazy. Jako většina ostatních elementálů spolupracují i tito s jinými elfími a vílími bytostmi, zvláště když je potřeba předat vzkaz z původní či jemnohmotné reality do té hmotné. Pomocí vzdušných elementálů můžeme zaslechnout šepot paralelních bytostí i jejich nadpozemsky krásnou hudbu.

Elementálům ohně se někdy říkalo „salamandři", ale v původní realitě je element ohně zastoupen světlem. Světelné tělo je tam svým vlastním zdrojem tepla, a oheň tedy k existenci nepotřebuje. Informace, že v elfích říších není oheň takový, jak ho známe ve hmotě, se ke mně dostala při návštěvě původní reality. Později mi to potvrdila báseň *Píseň Alvíse* (orig. Alvíssmal) z islandské *Poetické Eddy*. V té básni nám podzemní elf Alvís sděluje, jak se v různých říších Stromu světa říká různým živlům, a když dojde na oheň, zjistíme, že v říši elfů pro něj nemají žádný výraz.

Elementární bytosti jsou neutrální, mohou tedy být i zneužitelné. V historii jemnohmotného vesmíru s nimi často pracovali temní mágové. Magické války jemnohmotného vesmíru však probereme později.

MYTICKÁ ZVÍŘATA

V elfích říších se nachází mnoho éterických a z našeho pohledu již mytických bytostí. Všechna stvoření jsou si tam rovna – tedy jak ta humanoidní, tak ta zvířecí, rostlinná a minerální. V současném matrixu však bohužel ještě mnozí lidé žijí v domnění, že lidské plémě je všemu nadřazené.

Irské písně vypráví o zvířatech jinak zabarvených a mírumilovných. Z mé zkušenosti žije v elfích světech mnoho bájných zvířat včetně jednorožců a draků, ale také kočkoobrů a éterických medvědů. U žádného zvířete jsem tam nikdy neměla pocit ohrožení. Jejich vibrace jsou vyšší než ty naše a není tam agresivní potravinový řetězec jako ve hmotě.

I na této planetě kdysi všechny bytosti žily v jednotě. Původní, ještě jemnohmotní humanoidi uměli telepaticky komunikovat se zvířaty i s rostlinami a minerály. Byli si velmi dobře vědomi jejich inteligence a oduševnělosti. Většina zvířat žijících v divočině dobře zná naše paralelní sousedy. Dokonce i ta zvířata, která přivádíme do svých domovů a ochočujeme, nás mnohdy překvapí mocnou intuicí.

Jednou jsem během lucidního snu zažila silné telepatické propojení s bytostmi, které vypadaly jako medvědi, ale byly mnohem éteričtější a jinak zbarvené. Tyto medvědí bytosti stály vzpřímeně a jejich srst byla indigově modrá. Měly veliké, kulaté a duhové oči. Telepaticky mi sdělovaly, že kdysi dávno žily na planetě s námi, ale postupné snižování její vibrace a nastavení současného matrixu neunesly. V tom snu se na mě ty medvědí bytosti smutně dívaly a já věděla, že je odchod z povrchu velmi zasáhl. Tehdy s nimi odešla do bezpečí Vnitřní Země i jiná a pro nás dnes již mytická zvířata.

V původní realitě také existují kočko-lidé či lví lidé, ale já jim říkám kočkoobři, protože s humanoidy nemají kromě vzpřímené postavy moc společného. Jejich rod krásně vykreslila ve svých knihách autorka Murry Hope. Dle ní tyto vědomé kočičí bytosti, zvané „Paschat", kdysi dávno žily mezi námi, nyní však preferují říši tak zvaných „křišťálových lidí". Kočkoobři se vždy rodili jako dvojčata a v podobě dvojčat přišli i do našeho života.

Jednou se mi před usnutím zjevily tváře dvou kočkoobrů. Tehdy jsem o nich ještě nic nevěděla, tudíž jsem netušila, co si o tom myslet. Pár měsíců na to jsem jejich tváře poznala v tělech dvou černobílých kocourků, kteří se stali našimi magickými přáteli. Tito kocourci se zčista jasna objevili u kopce, jemuž s manželem říkáme Gebo, dle stejnojmenné runy, která reprezentuje mimo jiné i propojení dvou světů či bytostí. Později jsme tam také odhalili jeden z pradávných portálů do Vnitřní Země a zaniklou vesmírnou teleportační stanici, ale o tom se rozepíši v jiné kapitole. Ti kocourci s námi tehdy šli domů a my jsme se jich ujali. Od počátku jsme oba s manželem měli pocit, že je nám seslal náš pes Max. Po třech letech se k nám přidal i mourek Merlin, který je s Maxem ještě silněji propojen.

Nejen kočkoobři, ale také samotné kočky byly v mnoha mytologiích vnímány jako bytosti z jiného světa, ať už z vesmírného, nebo paralelního. V Egyptě byly kočky považovány za posvátné a spojovány s bohyní Bastet a v severské mytologii zase s bohyní Freyou, která se ujala dvou obřích kocourů a ti ji potom vozili po říších Stromu světa. Ve skotských a irských pohádkách existuje kočičí elf zvaný „cat-síth" či „cat sí". Jedná se většinou o velkou černou kočku s bílou skvrnou na hrudi.

Již zmíněného psa Maxe znám také z paralelních světů jako jednorožce. Jednorožci jsou snad nejušlechtilejšími zvířaty původních i jemnohmotných realit. Max byl nejnádhernější a energeticky nejčistší stvoření, jaké jsem kdy poznala. Po jeho odchodu mi velmi chyběla jeho hmotná forma a žal mi bránil se s ním propojovat. Nejdříve jsme s manželem jeho duši vnímali jako zlatavé světlo, které k nám občas přicházelo a vytvářelo různé nadpřirozené a rozumem nevysvětlitelné anomálie. Až později se mi Max začal zjevovat jako jednorožec v krajině našeho společného domova v původní realitě.

Po Maxově odchodu nám do života přišla Meera. Při svém vnitřním putování jsem jednou Meeru potkala v její oblíbené formě opeřeného draka. Je to vskutku ohnivá a divoká psí dračice, jejíž zvláštní chování nás nepřestává udivovat. Dokonce i vydává dračí jek! Mytická zvířata se tedy u nás doma projevují ráda, asi protože k nim oba s manželem máme tak blízko.

VNITŘNÍ ZEMĚ A ELFÍ ROD

VNITŘNÍ ZEMĚ Z POHLEDU VĚDY, MYTOLOGIE A OSOBNÍCH ZKUŠENOSTÍ

Teoriemi o krystalickém jádru Země se zabývali vědci již od sedmnáctého století. V současnosti se tomuto tématu věnuje i David Stevenson, americký geolog z Kalifornského technologického institutu (Caltech), který přišel s fascinující hypotézou: Ačkoliv je vnější část zemského jádra tvořena vrstvou horkého magmatu a slitinou železa a niklu, vnitřek jádra je krystalický a přibližně velikosti Texasu. Toto krystalické jádro se vytvořilo poté, co Země začala zevnitř chladnout a z prvotního krystalu se postupem času staly shluky menších krystalů.

Vědecký časopis Nature Geoscience zase nedávno publikoval článek vědce Yunguo Li z University College London, který se společně se svými kolegy vážně zabývá tím, že v zemském jádru by se mohlo nacházet velké množství vody. Dnes už se tedy pracuje i s teorií, že vnitřek planety je doslova krystalickou kapslí s dostatkem vody, a mohou tam skutečně být vhodné podmínky pro život.

Výzkumy těchto současných vědců považuji za potvrzení toho, co

jsem sama nazřela při svém vnitřním putování pod povrch zemský. Vnímala jsem tam různé vrstvy s rozličnými říšemi a civilizacemi. Podzemní svět byl od krystalické Vnitřní Země oddělen několika vrstvami a také nám již známou magmatickou vrstvou. V severské mytologii by mohla být přirovnána k říši ohně zvané Muspelheim. Těmi nejhlubšími civilizacemi, které jsem navštívila, byla vnější část Vnitřní Země, kde dlí rod elfů neboli Labuťanů, a nejniternější Vnitřní Země. Všechny lépe popíši v sedmé kapitole.

Různorodé podzemní kultury těsně pod zemským povrchem jsou dnes již ověřeným faktem. Jejich pozůstatky jsou k vidění v Číně, Japonsku, Turecku, Jordánsku, ale i u nás. Na mnohých lokalitách planety se nachází rozsáhlá podzemní města, která byla vyhloubena někdy až do hloubky osmdesáti metrů pod zemí a mohla poskytnout útočiště až dvaceti tisícům lidí. Oficiální teorie tvrdí, že tato podzemní města sloužila jako úkryty před přírodními katastrofami či válkami, avšak mnohé nejspíše skrývají průchody i do míst mnohem hlubších.

Všichni dobře víme, že vnitřní prostory naší planety jsou méně prozkoumané než vnější vesmír, tudíž můžeme pouze odhadovat, co všechno se pod námi skrývá. Naše současné technologie nejsou dostatečně pokročilé na to, abychom se mohli dostat do zemského jádra, a vědci tedy své teorie opírají pouze o měřitelné seismické aktivity a různé přírodní anomálie.

PRŮCHODY Z PÓLŮ A TAJEMNÝ DENÍK

Mnozí tvrdí, že prostupy do jistých vnitřních částí Země se nachází na severním a jižním pólu. Oblasti kolem pólů byly vždy záhadné a neprobádané, a proto přitahovaly dobrodruhy i badatele. Admirál Richard E. Byrd údajně před svou cestou na severní pól řekl: „Rád bych viděl zemi za pólem, onu oblast v centru velkého neznáma." Norský polární badatel Roald Amundsen byl zase prý zklamán, když na severním pólu nenašel nic než led. Co tam však asi čekal?

Domnívám se, že pokud jsou na pólech průstupy do nitra zemského, nepovedou přímo k Vnitrozemcům, ale k jiným podzemním kulturám. Nejspíše k elfímu rodu z Labutě, který obývá tu nejhlubší vrstvu a chrání krystalickou Vnitřní Zemi. O tom se však rozepíši dopodrobna později…

V sedmdesátých letech minulého století byl vydán utajený deník admirála Richarda E. Byrda, v němž Byrd popisuje svůj sestup do nějaké vnitrozemské říše. Bohužel se nepotvrdila autenticita tohoto deníku, ovšem jeho obsah je i tak zajímavým příběhem. Při průletu nad pólem údajně Byrd slétl do hluboké podzemní říše, kde bylo teplé klima, rostlinstvo, krystalické budovy a mnoho mytických a na povrchu již vyhynulých zvířat i humanoidních druhů. Tehdejší pozemské autority prý Byrdovi zakázaly sdílet tyto informace s veřejností, tudíž je uchoval pouze v soukromých záznamech. Ať už je Byrdův deník opravdový, nebo pouze dobovou senzací, příběhů o Vnitřní Zemi bylo i tak vždy mnoho.

Na Dálném východě je nejznámější legendární Šambala, utopická říše věčné krásy a moudrosti, nacházející se údajně pod nejvyššími horami světa. V různých buddhistických tradicích, včetně těch tibetských a mongolských, se věří, že Šambala je město, kde se během Nového věku objeví budoucí inkarnace boha Višnu, známá také jako Maitréja nebo znovuzrozený Buddha. Z tibetských legend se dozvídáme, že Šambala je

jakási ideální verze této reality, z níž přijde spása po velkých pozemských válkách. Keltské legendy zase vypráví o tajemném skalním vojsku, které bude bojovat za planetu v dobách největší nouze, což připomíná i naši pověst o blanických rytířích.

MNOHOČETNÉ PODZEMNÍ ŘÍŠE

Legendy z mnohých koutů světa vypráví o různorodých bytostech z vibračně rozdílných podzemních říší. Některé žijí v nedozírné hloubce, jiné jsou přímo spjaté s povrchem. Údajně i v podzemí v minulosti docházelo k válkám a některá území byla dobyta jistými mimozemskými rasami. Faktem je, že na mnoha místech Asie a Jižní Ameriky jsou podzemní bytosti spíše ještěřího či hadího typu, zatímco v Severní Americe, Evropě, Africe a Austrálii mají především lidskou podobu. V některých místech jsou i pověsti o humanoidech menšího vzrůstu, kteří se podobají spíše skřetům neboli goblinům. Někde se nacházejí lidé s bledou pokožkou, jinde dokonce s modrou nebo zelenou.

Podzemní lidé se zelenou pletí kdysi vzbudili rozruch v anglické vesnici Woolpit. Tam se ve dvanáctém století zčistajasna objevila dvojice dětí se zelenou pletí. Mluvili neznámou řečí a živili se pouze zelenými fazolemi. Chlapeček brzy zemřel, ale dívka přežila a po čase zrůžověla. Tvrdila, že s bratrem přišli z míst, kde nikdy nesvítí slunce a vše je tam zelené.

Robert Kirk, jehož tvorbu ze sedmnáctého století jsem zmínila v předchozích kapitolách, popsal ve své knize mimo jiné i pro lidstvo nepodpůrné druhy podzemních bytostí. Ve Skotsku jim říkali „unseelie", tedy „nepožehnaní" či „neveselí". Tamní lidé věřili, že to jsou rozzlobení duchové zemřelých, zvláště těch, kterým nebylo odpuštěno.

Nevrle se často chovali i trpaslíci, zvláště ti chamtiví, kteří žili v

podzemních prostorách bohatých na minerály a zlato. Byli známi i jako „gnómové" a v Irsku jim říkají „leprechauni". Mají prý pod skalami a doly rozsáhlá obydlí a na povrch často doléhá hluk z jejich dolování. Jsou vlastně obdobou severských trpaslíků, kteří také žijí v hlubinách země a jsou proslulými milovníky pokladů.

V *Poetické Eddě* jsou trpaslíci i skřítci (orig. dvergar) popisováni jako jeden z prvních typů humanoidů, z něhož byli následně vytvořeni i první lidé. V básni *Alvíssmal* jsou popisováni jako tvorové bledé pleti, menšího vzrůstu a celkem nevzhlední. Bohové si z nich často utahovali, ale oni zůstávali sebevědomí. Dvergarové (sing. dvergr) mohou být trpaslíci i skřítci. Humanoidních druhů tu bylo kdysi dávno velmi mnoho. Podzemních říší bylo také více a bytosti nebezpečnější povahy z nich vylézaly častěji, než ti vlídní a mírumilovní, kteří se obyvatel na povrchu spíše stranili.

Ve své knize, *The Fairy-Faith in Celtic Countries* z roku 1911, zmiňuje autor W. Y. Evans-Wentz, že před nebezpečnými podzemními bytostmi nás v přírodě ochrání volně plynoucí vodní toky, tedy nikoliv voda stojatá či bahnitá, jež naopak přitahuje démonické entity. Mnoha lidem, které pronásledovaly nestvůry z podzemních světů, stačilo přeskočit potok či přebrodit řeku.

Podzemní světy jsou dodnes okupovány mnoha různorodými mimozemskými i jemnohmotnými entitami. Jedněmi z těch vysoce negativních jsou „černooké entity". Zjevují se jako lidé, ale mají celostně černé oči. Těm bychom se měli oklikou vyhnout! Jsou mimozemského původu a obývající jisté podzemní prostory. Především však jako jedni z mála porušují i jinak posvátný zákon svobodné vůle.

Z mé vlastní zkušenosti bylo velmi těžké je zahnat, ale podařilo se. Nikdo nad námi totiž nemůže mít větší moc než my sami. Podobně jako jiné nízkovibrační entity mají i tyto tendence uzavírat smlouvy s dušemi ještě před narozením a někdy hned po narození, kdy už probíhá amnézie. Ty smlouvy se však dají snadno zrušit, stačí pouze síla naší vůle.

Jak tyto černooké entity poznáme, když na sebe vezmou lidskou podobu? Sice nám zpočátku mohou připadat přátelští, mají ovšem nepříjemnou, vlezlou a vysoce manipulativní energii. Jejich pohled je jakoby prázdný a na podprahové úrovni možná i vnímáme, že jejich oči jsou ve skutečnosti zcela černé. S těmito podzemními bytostmi často spolupracovali temní mágové.

Tyto entity mohou lehce ovládat mysl, a to zvláště těch, kteří si zahrávají s temnou magií. Člověka jimi ovládaného poznáme tím, že se vtírá, žádá nemístně o pomoc či pomoc naopak nabízí, aniž by byla chtěná. Náš instinkt nám vždy napoví: Jejich přítomnost bývá vlezlá a prostě divná. Většinou se díky nim cítíme nejistí, nevíme si s nimi rady, a právě tím nás matou. Takovíto podivní, černoocí lidé prý někdy i klepají na dveře a chtějí být pozváni dovnitř. Když je totiž někdo přijme, symbolicky jim tím povolí i vstup do svého nitra. Jedinou možností je nepustit je přes práh, protože ten vyznačuje ochranné pásmo domu.

Ve Švédsku jako ochranu proti těmto entitám používali lidé symbol pentagramu a pentaklu (pentagram v kruhu). Jinde se zase používaly různé typy křížů, včetně těch zdvojených do osmicípých hvězd. Mně se osvědčily všechny tyto symboly včetně ochranných run, ale nejdůležitější je vlastní obranný postoj a důrazné odmítnutí. I slovo „nesouhlas" však mohou zmanipulovat na „souhlas", tedy je lepší držet se jednoduchého „ne" a v případě nějaké dohody mezi dušemi asertivně říci: „Ruším s vámi veškeré dohody."

V Písni slunce z islandské *Poetické Eddy* je popisováno sedm podzemních, nebo spíše podsvětních říší, kde duše prochází různými útrapami. Jelikož však vše s podzemními prostory bylo na počátku křesťanství automaticky spojováno s peklem, může být tato píseň přibarvená novým nastavením. Anebo skutečně existuje sedm podsvětních říší, kterým bychom se na cestě k Vnitřní Zemi měli oklikou vyhnout. Hrůzostrašné bytosti v podzemních říších však mají i kladnou stránku. Například odstrašují nechtěné návštěvníky tím, že na sebe

vezmou formu různých monster. Cesta do ráje je zkrátka někdy zkrátka trnitá, ale inkarnovaní Vnitrozemci a elfové z Labutě dobře znají bezpečné zkratky.

Cestu do Vnitřní Země popsal okultista Maurice Doreal ve svém volném překladu *Smaragdové desky*. Pamatuji si, že mé první čtení jeho textu bylo podbarveno andělskými skladbami Petera Sterlinga a stalo se pro mě magickým zážitkem. Vřele tento text doporučuji k lepšímu poznání nástrah podsvětí a cesty do nitra zemského.

SKRYTÍ LIDÉ ZE SKAL, HOR A VÍLÍCH KOPCŮ

Staré irské a skotské texty popisují skrytý lidský rod žijící pod horami a skálami. Podzemní města těchto lidí prý byla osvětlena lampami, jež svítily bez jakéhokoliv paliva. Tito lidé dokázali snadno měnit svou podobu a nebývali pro obyvatele povrchu nebezpeční, i když někdy kradli vesničanům zásoby nebo je zastrašovali a vyháněli z oblasti svých skalních měst. Občas prý také lidským matkám unesli miminka a na jejich místech zanechali své nevzhledné potomky, jimž se říkalo „changelings".

V předešlých kapitolách zmiňovaný autor ze 17.století Robert Kirk popsal také pradávné předky dnešních lidí z podzemních říší. Mají údajně v podzemních prostorách svou vlastní kulturu, zákony i mocnou armádu. Jejich zbraně jsou však většinou z kamene a připomínají šipky, které kůži nepoškodí, ale člověk stejně následkem jejich nárazu zemře. Někteří věřili, že tito lidé jsou duchové našich předků, kteří nedokázali opustit pozemský svět. Tomu ovšem neodpovídá tvrzení, že jejich těla byla podobně hmotná jako ta naše a že kradli obilí, med a mléko. Své skalní průchody do utajených podzemních měst si bedlivě střežili a někdy po nezvaných hostech házeli kamení. Kirk se také podivoval tomu,

že ty skalní bytosti nereagovaly na výraz „Duch svatý". Jakmile to prý slyšely, hned zmizely. Lidé je však nepovažovali za zlé, spíše za neznabohy.

V Irsku a ve Skotsku prý tito naši záhadní sousedé občas unášeli do svých podzemních měst vybrané jedince z povrchu. Preferovali ty, kteří je nějakým způsobem zaujali: Především muzikanty, umělce, ale také lékaře a porodní báby, protože jejich ženy rodily málokdy, a pokud přece, pak to býval náročný porod. Na Islandu se jim říkalo „huldufolk", doslova tedy „skrytí lidé". Nosili prý pestré oblečení a působili podobně, jen poněkud vznešeněji než běžný člověk. Mluvili neznámou řečí, avšak mohli snadno napodobit jakoukoliv řeč nám známou.

Babička mého manžela vídala ony „huldufolk" blízko své rodné farmy na jihozápadní straně Islandu. Při psaní této knihy jsem na ni často myslela. Vždy mi bylo líto, že jsme si kvůli jazykové bariéře o jejích zážitcích nemohly popovídat. Nyní by to bylo snadnější, ale ostýchám se její duši kontaktovat. Již za svého života prosila své potomky, aby ji po smrti nerušili a netahali ji tím zpátky do našeho světa, protože se chystala nerušeně cestovat mezi dimenzemi.

Díky mému muži Gunnarovi se pro mě Island stal studnicí pradávné moudrosti a poznání. Také mě seznámil s tamními runovými znaky, k nimž jsem od počátku cítila hlubokou a téměř posvátnou vazbu. Nyní se na Islandu čím dál tím více mluví o irském vlivu, jelikož nejstarší obyvatelé ostrova pocházeli právě z Irska. Na jistých lokalitách Islandu, především na jihovýchodním pobřeží, se archeologové zabývají výzkumem tamních keltských usedlostí. Severská mytologie se též podobá té irské a byla uchována právě na Islandu v podobě *Poetické Eddy* a pozdější *Prozaické Eddy*.

V knize z roku 1911 s názvem *Vílí tradice v keltských zemích* (orig. The Fairy-Faith in Celtic Countries) zmiňuje autor W. Y. Evans-Wentz, že někteří podzemní lidé měli velmi mocnou armádu a byli připraveni za Irsko bojovat, pokud by tomu bylo zapotřebí. To připomíná i naše

blanické rytíře, a kdo ví, zda i ti nejsou jedněmi z nich. Toto tajemné vojsko, které dlí pod horou Blaník, vyrazí dle legendy do boje, pokud bude našemu lidu hrozit vyhubení. Někteří tvrdí, že vojsku velí samotný svatý Václav.

Blaník obklopují historky podobné těm irským a skotským. Je jich mnoho, ale ta nejznámější se začala vyprávět v dubnu roku 1868, kdy se u Blaníku při vylamování základního kamene pro Národní divadlo zřítil do rokle kameník Václav Podbrdský z Louňovic. Po návratu měl kameník za to, že byl pryč pouze osmnáct hodin, i když na povrchu zemském mezitím uběhlo osmnáct let. Zdá se tedy, že se dostal do původní reality, kde čas plyne jinak než v hmotném světě. Když se prý po pádu probral, byl v jakémsi velkém sále, kde ho přivítala krásná dívka. Podobně jako v irských písních zde tato záhadná postava figurovala jako průvodkyně paralelním světem. Podbrdský si v té neznámé říši připadal jako jiný, vzdělanější člověk a setkal se tam s různými osobnostmi české historie.

Další historka se spíše týká podzemní říše. Jistý kovář byl prý do podzemních prostor pod Blaníkem pozván okovat koně a za odměnu od místních obyvatel, ušlechtilých rytířů, dostal pytel smetí. Kovář naštvaně smetí vysypal a cestou domů ke svém údivu zjistil, že kousky zbylého smetí se proměnily ve zlato. Smetí měnící se ve zlato se váže i k příběhu jedné dívky, která také vojsku na čas sloužila v podzemním světě. Ta na rozdíl od kováře cestou vyhodila pouze část smetí, a odnesla si tedy více zlata.

Příběhy o putování mezi světy a časoprostory se vztahují i ke středočeským Choceradům. Tamní kopec zvaný K Vápence, kde je nyní i park známý jako Les psích duší, prý skrývá portály do jiných časoprostorů a od nepaměti se tam děly prapodivné věci. Bytosti a objekty v okolí občas zmizí a poté se vrátí, často se tam také zjevují skřítci a jiné přírodní bytosti a místní tam nachází prapodivně doutnající minerály. Zajímavé je, že hodně svědků tam také spatřilo osoby či vozy z dávných dob. V časopise z 19. století se prý i psalo o tom, jak tam jednou

zmizela, nebo spíše se propadla do podzemí, celá vesnice a zbylo po ní pouze kamení.

VNITŘNÍ ZEMĚ, ELFÍ ROD A SOUHVĚZDÍ LABUTĚ

Je logické, že podzemní svět je s tím povrchovým více propojen než svět nejniternějšího jádra Země. Vnitrozemci byli vždy vnímáni jako éteričtější bytosti elfího typu. Keltsky orientovaná autorka Ayn Cates Sullivan, která se touto tematikou zabývá v osobním životě i ve svých publikacích, se v Irsku s Vnitrozemci několikrát setkala. Jeden z nich se stal jejím průvodcem a občas zasahoval do našich hovorů. Onehdy nám jeho mužný, hluboký hlas přišel potvrdit to, o čem jsme diskutovaly: Že pokud zničíme náš hmotný svět, ovlivní to i ten jejich jemnohmotný.

Ayn mi také jednou vyprávěla, jak se během svého vnitřního putování vypravila do vnitrozemské říše a viděla tam růžové moře či jezero, lodě ve tvaru labutí a jakési strážce, kteří jí nabídli k ochutnání místního nápoj. Dle irských legend se v tamní říši nemá nic konzumovat, jinak už se člověk nevrátí zpátky, ale dobrodružná Ayn to riskla a vrátila se i tak.

Krystalická říše v nejniternější Vnitřní Zemi uchovává srdce a vědomí Matky Země. Kdysi a možná i nadále funguje jako převodní stanice mezi hmotnou a jemnohmotnou realitou, ale i tou původní. V mnoha pradávných kulturách vedla cesta na „onen světa" přes Vnitřní Zem. Až později se začalo přesměrovávat k nebi a kosmickým neboli astrálním sférám.

Ve starověkém Řecku byla říše přechodu umístěna za řekou Stix. Říkalo se jí Elysium a byla to vnitrozemská říše bohů, polobohů a lidských reků. V Egyptě byla takovou převodovou stanicí mezi světy říše Duat,

také zvaná Amenti, kde do světa nesmrtelných přešli pouze ti, kteří byli „proseti" tamní sítí. Podobně jako v Řecku se takto duše „prosévaly" podle svých skutků na zemi. Je to pochopitelné. Vibračně čisté říše odmítají nízkovibrační duše a těch se bohužel do hmoty inkarnuje mnoho. Zajímavostí je, že hieroglyf pro říši Duat byla pěticípá hvězda v kruhu připomínající keltský pentakl (pentagram v kruhu).

V severské tradici byla podzemní říše předků a mrtvých zvaná Hel, potom se z ní však stalo dnešní hell (peklo). Postupem času jsme byli nasměrováni k nebi místo do nitra svého a zemského, z nichž se snadněji prostupuje do původních domovů naší duše. V nejstarších mytologiích bohové i zesnulí přicházeli nejen z nebes, ale také z nitra země, a bylo tomu tak i v těch severských a irských.

Krystalické jádro země je posvátné místo. Vědomí a srdce Matky Země zastupuje tamní královna. Vždy se mi zjevuje zahalena v duhovém, meruňkově růžovém či zlatavém světle. Podobně jako já ji nazřela i Hana Sar. Ta také cestovala do krystalických základů naší planety skrze krystalické tunely. Něco jí při tom říkalo, že ve hmotě vidí pouze hologram a je třeba se dostat za projektor. Projektor pro mě reprezentuje Zdroj, který je nám všem nejbezpečnější a nejpřirozenější branou mezi původními, jemnohmotnými a hmotnými světy. Vnitrozemci se nacházejí mimo současný matrix a vlastně jsou i prvními obyvateli planety, tedy našimi nejpradávnějšími prapředky. Stále si pamatují povrch takový, jaký byl před zahuštěním hmoty.

Někteří autoři a badatelé tvrdí, že Vnitrozemci vždy patřili do Vnitřní Země a s povrchem pouze udržovali kontakt, jiní zase věří, že kdysi žili mezi námi. Podle mého názoru jsou obě tvrzení pravdivá. Vnitrozemci byli prvotními a éterickými obyvateli planety dávno před nastavením současného matrixu a zahuštěním hmoty. Obývali tedy odjakživa vnitřek i vnějšek planety, ale postupem času se od našeho světa museli oddělit.

Lidé na svět nahlíží z pohledu zahuštěné hmoty, proto vidí v jádru zemském ohnivé magma. Bytosti z původní reality a bytosti

jemnohmotné tam ovšem vnímají světlo. Zakládaly planetu světelně, a nikoliv fyzicky. Z našeho pohledu se postupem času, jak začalo jádro chladnout, vytvořila uvnitř planety krystalická kapsle, avšak z pohledu původních tvůrců se ze světla postupně stávala hmota. Ve hmotě obaluje krystalickou Vnitřní Zemi vrstva ohnivého magmatu, železa a niklu. Z pohledu jemnohmotných obyvatel této planety ji chrání mocné světlo (oheň) a štít (kov). Proto jsou tyto oblasti přístupné pouze těm, kteří se dokáží změnit hustotu svého těla a zvýšit vibraci svého vědomí.

Nejspodnější vrstvu podzemní říše, či spíše vnější část Vnitřní Země, obývá dle vzpomínek mé duše elfí rod z Labutě. Je to rod ušlechtilý a jemnohmotný, avšak ne tak světelný a vibračně čistý jako ten Vnitrozemský. Elfí rod je dosud propojen se souhvězdím Labutě a ovládá vyspělou, krystalickou technologii. V jemné hmotě jsou elfové proměnliví, nebo ustálení do následujících forem: do obrů vyššího vzrůstu (2-3 metry), menšího vzrůstu typu hobů (cca 100 cm) a do typu skřítků (30-10 cm). Elfové z Labutě se věnují převážně umění, filozofii a magii, ale pokud je tomu zapotřebí, stanou se cílenými bojovníky, kteří jsou připraveni bojovat za Zemi, svůj lid i pozemšťany, které považují za své vzdálené příbuzné.

Své vnitrozemské elfí přátele rozeberu později. Nyní pouze krátce zmíním, že se s lidmi raději setkávají ve snech, protože zhmotnění je pro ně v současné době riskantní. Navíc by některé z nás mohli kvůli jejich neobvyklému vzhledu vylekat.

KRÁLOVNA ANA

Když jsem se ve snu poprvé setkala se svou průvodkyní z Vnitřní Země, které říkám Opúzie, zjevila se mi jako ryba, následně se proměnila v racka a poté, co si pochutnala na mých sušenkách, byla z ní náhle elfí žena. Opúzie si mě nejdříve oťukávala a poté se zeptala: „Znáš Anu?" I když jsem vědomě netušila, koho myslí, náhle jsem vyhrkla: „Královna Ana!" Až později jsem zjistila, že irské verzi Matky Země se říkalo Ana či Anu. Je obdobná bohyni Dana či Danu a jejími atributy jsou ryby a racek, tedy i podoby, v níž se mi zjevila Opúzie, ale také studny a moře, tudíž i místa, na nichž se mi zjevila. Mnozí z vás, kteří se také setkávají s bytostmi z jiných realit, dobře vědí, jak jsou proměnliví, a málokdy víme, kým vlastně jsou. Domnívám se, že Opúzie je jednou z emanací královny Any, ale tato informace pro mě dodnes zůstává tajemstvím.

Díky Opúzii jsem začala putovat do Vnitřní Země a setkávat se s tamní královnou Anou, ochranitelkou vědomí a srdce planety. Vždy ji vidím zahalenou v záři. Její říši však má duše velmi dobře zná. Putuje se tam přes krystalické tunely a první vstup mi byl umožněn až po zadání kódu Vnitřní Země a mého osobního symbolu. Když vstupuji do nejniternějšího nitra planety, jsem si vědoma toho, že je nad námi velmi silná vrstva krystalických drúz a místo slunce tam svítí živoucí krystal, který vyzařuje neskonalou lásku a je hvězdou i srdcem země. Jeho svit vytváří pod krystalickou oblohou zvláštní atmosféru. Tato nejniternější část Vnitřní Země je chráněna vrstvou světelnou (ohnivou) a ledovou (kovovou), ale také vnější krystalickou vrstvou, která je osídlena elfím rodem z Labutě.

Zde uvádím úryvek z jedné mé konverzace s královnou Anou:

„Ana není jméno, ale post královny. Nevnímej mě však jako královnu tak, jak ji chápeš na povrchu. Nikomu nepanuji, jsem svému lidu matkou: Podporuji, opečovávám a ochraňuji každého obyvatele Vnitřní Země jako své dítě. Máme zde mnohé krále a královny krajin. Každý se stará o své

území a bytosti ho obývající a ty mohou býti humanoidní, zvířecí, rostlinné i minerální. Dokud jsme milováni, můžeme kralovat, pokud přestaneme být milováni, svůj post předáme jiné duši. Záleží to vždy na srdcích našich obyvatel, všichni jsme se srdečním centrem Matky Země propojeni. Panovnictví známé v hmotné realitě se nás netýká. Nejsme panovační a netoužíme po moci nad jinými tvory. Všichni jsme si rovni a spoluvytváříme náš svět v harmonii a míru."

Pochopila jsem tedy systém kralování v čisté a éterické Vnitřní Zemi. Ana je tam královnou našich srdcí.

SOUHRN

Co však propojuje všechny legendy o Vnitřní Zemi? Především to, že se tam nacházejí naši nejstarší prapředci, kteří na rozdíl od dnešní povrchové a povrchní civilizace stále milují a střeží planetu. Současný matrix nemají rádi a vyhýbají se mu. Nemohou však proti němu zasáhnout, protože dodržují zákon svobodné vůle všech do jeho systému inkarnovaných duší. Mohou nás pouze z dálky sledovat, vyhnát ze svého území nevítané zvědavce nebo občas promluvit s těmi, jejichž srdce stále bijí v souladu se srdcem Matky Země.

Někteří z povrchu jsou s jejich rody geneticky spjatí, a ty proto někdy i navštěvují. V současné době se Vnitrozemci a elfové opět inkarnují do hmoty, aby zvýšili vibrace této planety. Takovéto duše potom jejich blízcí provází a chrání. Elfové drží při sobě a prastaré pouto jejich rodů je pro ně posvátné.

PŮVODNÍ PLÁN PRO PLANETU A ODDĚLENÍ SVĚTŮ

TVŮRCI A PRVOTNÍ OBYVATELÉ PLANETY ZE SEVERSKÉ MYTOLOGIE

Dle staroislandských legend přivedla bohy na svět posvátná kráva Auðumbla, která symbolizuje tvůrčí princip bohyně podobně jako ve starověké Indii. Bohové posléze vytvořili hmotnou říši zvanou Midgard. Tehdy ještě nebyla ovlivněna přísnými limitacemi současného matrixu. Tito bohové museli přijít z původní reality a používat k tvorbě i rozsáhlejší dimenze. Bylo pro ně totiž samozřejmé pracovat s hmotou a časem třetí dimenze, podobně jako my pracujeme s druhou dimenzí. Navíc měli mnoho emanací, tedy používali více těl pro svůj pobyt ve hmotě a paralelně působili i v jiných světech. Vytvořili také lidská těla a duše po fyzické smrti převáděli do svých říší.

Tito tvůrci měli k dispozici magický trůn zvaný „hlidskjalf", z něhož byli schopni dohlížet na všechny paralelní světy Yggdrasilu neboli Stromu světa a sledovat osudy bytostí ve hmotě. Ovládali rovněž mocnou

magii zvanou *„seiðr"*. V *Poetické Eddě* se píše, že klenbu nebeskou i hmotný svět pod ní vytvořili synové hlavního boha severského panteonu zvaného Bor nebo Bur. Posléze z prapředka všech obrů, Ymira, stvořili zemi a první obyvatele, trpaslíky (je také možné, že to byli skřítci). Synové Bura byli bratři Odin, Vili a Vé.

V severské *Písni vědmy*, se dále dozvídáme o momentu, kdy Odin, Vili a Vé našli ještě neoduševnělá těla prvotního muže a ženy. Tato těla byla stvořena z genů stromů, obrů a trpaslíků či skřítků, ale bohové jim dali život. Původní těla byla tudíž neživá, nejspíše něco jako biologičtí roboti. Muže pojmenovali „ask" (jasan) a ženu „embla" (bezinka). Se stromy jsou spjati naši předci i v jiných mytologiích. Existují také příklady, kdy se z bohů samotných stávají stromy. Tím jsem se více zabývala ve své knize *Tree Magic* (Magie stromů). Navíc, trojjediný bůh Odin, Vili a Vé může být ekvivalentem Brahmy, Shivy a Krishny, nebo křesťanského Boha, Otce a Syna.

Severské písně vypráví o dobách, kdy ještě tuto planetu obývala různá humanoidní stvoření. Prvními byli již zmínění obři a trpaslíci či skřítci, z jejichž kombinace bylo později vytvořeno lidské plémě. Jak a kdy přišli na svět álfarové (elfové), se nezmiňuje. Dle mých výzkumů s Hanou Sar a vzpomínek mé duše však obrům odpovídají obyvatelé Lyry a elfům, trpaslíkům i skřítkům zase lid z Labutě, ale to rozebereme později.

Hlavní bohové severského panteonu byli Ásové (Æsir) a Vanové (Vanir). Oba rody byly příbuzné, ale občas mezi sebou válčily. Spřízněny byly také s jötnary (obry) a álfary (elfy). Vanové měli vazbu na říši elfů, Álfheim, jelikož jeden z nich, a sice bůh Freyr, ji prý dostal do opatrovnictví již v kolébce. Vanové byli převážně spojováni s magií, vegetací a přírodou. Název Vanové, v islandském jazyce Vanir, nic neznamená, i když mnohdy se odvozuje od islandského výrazu pro přátele - „vinir", nebo od finského „vanha", což znamená „starý". Možná je zde i souvztažnost se slovem „slo-van". Můj manžel Gunnar mě ovšem upozornil na to, že pokud před vanir přidáme písmeno „s", získáme

slovo „svanir“, a to doslova znamená „labutě“. Vanové byli spojováni s rodem elfů, a jak jsem již zmínila, islandský výraz pro labuť je „álft“ a pro elfa „álfur“ (plur. álfar). Domnívám se tedy, že oba rody byly spjaty se souhvězdím Labutě a možná i s Lyrou, jelikož někteří Vanové byli popisováni jako obři nebo s obry zakládali rodiny.

SEVERSKÁ MYTOLOGIE, VÁLKY BOHŮ A NASTAVENÍ SOUČASNÉHO MATRIXU

Dle severské mytologie na Zemi kdysi žily rody trpaslíků, skřítků, elfů a obrů. Před zahuštěním hmoty byl svět jemnohmotný a přímo propojený s původní realitou. Něco se však stalo. Propukla válka a prvotní záměr pro planetu se přenastavil. Započal nový matrix a s ním i přísnější limitace pro zrození.

Ásové stvořili hmotnou planetu jako odraz svých původních domovů. Bohyně Freya měla ve světě Ásů zvaném Asgard svou vlastní říši zvanou Folkvangr, kam odcházela půlka padlých bojovníků, druhá šla k Odinovi do jeho Valhally. Freyino území bylo divoké a lesní, ale Odinova Valhalla spíše působila jako palác, kde se prý přes den bojovalo a večer hodovalo. Otázkou zůstává, zda duše bohové „sbírali“ s nějakým postranním úmyslem, či jim pomáhali přejít na onen svět?

I moudré severské písně je nutno brát s rezervou. Na povrchu zemském probíhaly v době jejich kompilací rozsáhlé války. Bohové tehdy byli prezentováni jako bitvy lační a pomstychtiví bojovníci, protože mocnosti chtěly vehnat smrtelníky do bojů o území. A když lidem vůdci předložili ideu, že po smrti v boji budou odměněni pobytem v říši nejvyššího boha, potom si pojistili i spirituální motivaci těchto nebožáků.

Pokud ovšem došlo v historii této planety k tomu, že vesmírní

osadníci z jiných planet se za bohy pouze vydávali, pak je možné, že skutečně válečného ducha měli. Ostatně v mnoha mytologiích tomu tak bylo. V severských písních, zvláště v *Prozaické Eddě*, jsou bohové popisováni jako násilní vojevůdci. Asi se není čemu divit, když vezmeme v potaz to, že autor *Prozaické Eddy* Snorri Sturluson byl velmi politicky a křesťansky orientovaný. Nejenže byl nejvyšší osobou islandského parlamentu zvaného Althing (v překladu Všechno), ale tehdy už byly texty psány pouze církevními příslušníky, a někdy docházelo k očišťování starších textů od pohanských vlivů.

Píseň vědmy ze starší *Poetické Eddy* však stále skrývá hlubší a starší pravdy. Tento text mi přijde zásadní pro pochopení tvoření původního a současného matrixu. Mimo jiné vypráví o první a také poslední válce mezi bohy. První konflikt prý začal tím, když žena zvaná Gullveig byla třikrát spálena, avšak nepodařilo se ji zneškodnit. Při svém třetím vzkříšení se přejmenovala na Heiðr, což znamená „prosvětlená" či „světelná". Byla to prý zkušená čarodějka, avšak než se symbolicky „prosvětlila", zabývala se temnou magií, jelikož píseň zmiňuje, že byla „radostí zlých lidí". Zároveň se Gullveig váže ke zlatu, protože „gull" znamená islandsky zlato.

Ačkoliv kvůli této záhadné situaci s Gullveig vypukla první válka mezi Vany a Ásy, tyto kmeny se následně usmířily. Poslední válka se nazvala Ragnarok (v překladu Pád bohů), a v ní byl úhlavním nepřítelem bohů Loki, jehož jméno doslova znamená „ukončení, uzamčení, uzavření". Někteří se domnívají, že Ragnarok je předzvěstí dob budoucích, ale v *Písni vědmy* je Ragnarok předvídán Odinovi z dob minulých jako jeho pád.

Válka mezi bohy byla vzhledem k jejímu popisu v *Písni vědmy* magického rázu. Tak to asi vnímal i spisovatel R. R. Tolkien, který se velmi inspiroval irskou a severskou mytologií. Ústředním nepřítelem jeho trilogie *Pán prstenů* je Sauron, který by se dal přirovnat k démonickým silám, které používají temní mágové. A v severské mytologii byla armáda monstrózních obrů vedena bohem Lokim a jeho

kmotrem, temným mágem Surtem.

Píseň vědmy a Ragnarok rozebereme v poslední kapitole hlouběji, avšak dle mého názoru zde došlo k nastavení současného matrixu. Po pádu Odina ho jeho synové Thor a Baldur šli pomstít do boje. Thor se postavil Jörmungandrovi (v překladu „vlčímu hadovi"), který byl prostředním synem Lokiho. Thor sice saň zabil a sám u toho skonal, avšak Jörmungandr vstal z mrtvých a obkroužil Midgard (tento svět). Tím nastal nový věk a řád.

Jörmungandr je zřetelnou alegorií hada požírajícího si ocas, jenž je také znám jako „ourobors". Tento had byl od nepaměti vnímán jako symbol znovuzrození, reinkarnace, samsary. Pro gnostiky reprezentoval demiurga, tvůrce hmotného světa, který byl podobně jako Loki tím, kdo uzamknul pozemskou říši v současném matrixu. Gnostici často zobrazovali nejvyššího archonta zvaného Yaldeboath jako hada (někdy červa) s hlavou šelmy. Představuje potřebu krve a pravděpodobně i nastavení potravinového řetězce a masožravosti, tudíž vlivy, jež také nebyly původní. Vezměme si některé z vyspělých starověkých kultur, které rozkvétaly v Egyptě, Řecku nebo Číně – maso se tehdy běžně nekonzumovalo, a pokud ano, pak velmi sporadicky.

Onen symbolický kruh, který drží planetu v současném matrixu, nazvala okultní autorka a mystička Helena Blavatsky prstencem, který (iluzorně) nelze překročit. Spisovatel a badatel David Icke se domnívá, že to je prstenec Saturnu, odkud se simulace současného matrixu „vysílá" k Zemi. Možná to zní zvláštně, ale Ickovy argumenty dávají smysl a doporučuji je prostudovat a zvážit. V astrologii je Saturn podobně jako s ním spjatý bůh Chronos vládcem času, osudu a řádu světa. Navíc reprezentuje limitace, omezení, překážky a těžké životní lekce. Vážou se k němu témata spojená s různými institucemi, politikou, vládními organizacemi i přísnými vládci. Neříkám, že Saturn je pouze negativní, vše v dualitě má obě strany mince, ale pokud se blíže podíváme na jeho symboliku v okultismu, začne do sebe vše nějak zvláštně zapadávat.

Pojďme se ovšem vrátit k jemnohmotnému vesmíru a původnímu záměru pro planetu. V severské mytologii se sice elfové nezapojují do války mezi bohy, ale jejich území válka také ovlivnila. Zůstávají vždy nejzáhadnějšími a nejvzdálenějšími bytostmi existujícími v nekonfliktní a nejspíše i nesmrtelné říši. Je možné, že pokud někdy žili ve hmotě, stáhli se po Ragnaroku do Vnitřní Země, protože odmítli současný matrix. Stále však žijí paralelně s ním, takže je částečně ovlivňuje.

KELTŠTÍ BOHOVÉ A SPOJITOST S ELFÍMI ŘÍŠEMI

Považuji za důležité zdůraznit, že základní texty severské mytologie, *Poetická* i *Prozaická Edda*, byly sepsány na Islandu, tedy na ostrovní zemi, která byla osídlena nejen Seveřany, ale také Iry. V dnešní době se na Islandu zkoumají prastaré irské osady, historie se tedy postupně přepisuje. Není to však vůbec zarážející. Severská mytologie byla vždy velmi úzce provázaná s irskou. A když se do obou ponoříme hlouběji, zjistíme, že se též podobají slovanské, indické a jiným mytologiím.

Ze staroirských písní se dozvídáme o paralelním, harmoničtějším světě plném éterických zvířat a lidí. Nazývala se Otherworld, v překladu doslova Jiný svět. Do tohoto paralelního světa se vstupovalo přes kopce a mohyly sidhe či sí, proto se těmto bytostem říkalo „obyvatelé vílích kopců", aes sidhe (v irštině) nebo daoine síth (ve skotštině) a moderněji aos sí.

Píseň *Cesta Brana* ze 7. století popisuje, že jemnohmotná říše bohů, elfů a víl tu byla ještě před stvořením hmotného světa:

Pocházíme z prapočátku stvoření.
Naše těla nezestárnou, ani nezetlí v zemi.
Nepřipadáme si proto bezmocní či křehcí.
Hřích k nám nepřichází.

Zlý byl to den, kdy had přišel
k otci svému, k otci toho města.
Převrátil v tomto světě časové linky,
začalo docházet k rozkladu, jenž nebyl původní.

Dobyl náš svět chamtivostí a chtíčem,
čímž i zničil svou ušlechtilou rasu.
Tělo sešlé a v záhybech muk začalo žít,
věčným sídlem mučení se stalo.

Zákon pýchy vládne ve vašem světě.
Víra ve stvoření přemohla víru ve stvořitele.
Zahlceni nemocemi a strachem ze stáří jste.
Vaše duše se ničí podvodem.

Vznešené spasení přijde
od krále, který nás stvořil.
Přes moře přijde světla zákon.
Kromě toho, že je Bohem, bude i člověkem.
V podobě, na niž se nyní díváš,
přijde tento muž do vašeho světa.
Jeho cesta vede k jejímu domovu,
k domovu ženy v Line-mag.

Je to Moninnan, syn Lera.
Přijede vozem ve tvaru člověka.

Jeho potomstvo krátce bude panovat.

Bude krásný, z bílé hlíny stvořen.

Radostí bude všech příbytků elfích.

Miláčkem bude všech zemí dobrých.

Odhalí mnohá tajemství – tok moudrosti,

ve světě nebude obávaným pánem.

Překlad původního textu *Cesta Brana* (orig. Immram Brain či The Voyage of Bran, 7-8.století, Irsko, z překladu keltského učence Kuno Meyera z roku 1894).

Další píseň, která tyto dva paralelní světy blíže popisuje, se nazývá *Dobrodružství Connly* (orig. Echtra Condla nebo The Adventure of Connla, Irsko, 8. století). Zde je můj volný překlad části písně:

Viděl ženu v neznámém oděvu,

„Odkud přicházíš?" ptal se Connla.

Žena odvětila: „Přicházím ze země žijících,

kde není smrti ani hříchu,

kde užíváme si života bez otroctví.

Mír tam vládne, náš svět je bez svárů.

Žijeme za elfím kopcem, sidhe,

proto nám říkají lid elfích kopců – aes sidhe.

Překlad textu *Echtra Condla* (The adventure of Connla) z 12. století. Nejstaršího verze textu pochází přibližně z 8. století.

V irské mytologii je tvůrkyní světa bohyně zvaná Cailleach, ve Skotsku známá pod jménem Beira. Ta dle legendy vytvořila krajinu a počasí. Stvořitelem lidstva je však stejně tak jako ve většině příběhů Bůh Otec, který má podobně jako severský Odin mnoho jmen, tedy zřejmě i mnoho různých emanací či inkarnací. Nejznámější označení je Dagda a již méně známé Cera, což doslova znamená „tvůrce". Dagda je králem skupiny bohů zvané Tuatha Dé (později Tuatha Dé Dannan). Severská i irská mytologie tedy uznává tvůrčí princip boha i bohyně a je zde ještě patrná harmonie mezi matkou a otcem i ženským a mužským principem tvoření.

TVORBA PŮVODNÍCH, JEMNOHMOTNÝCH A HMOTNÝCH SVĚTŮ

ZAHUŠŤOVÁNÍ HMOTY

V prastarých severských i irských písních jsou již elfí a vílí říše popisovány jako oddělené od hmoty. Mnohé z nich se rovněž zabývají stvořením hmotného světa a následným nastavením přísného matrixu, jehož limitace stále zažíváme. Pro hlubší pochopení jsem se však musela obrátit ke svému vnitřnímu vedení, vzpomínkám své duše a svým duchovním průvodcům. Jedním z nich je kočkoobr, jehož vědomí je částečně inkarnováno v mém kocourku Odinovi. Ten ke mně přišel vždy, když jsem zasedla k psaní této knihy, a vlastně je jejím spoluautorem, protože mi poskytl mnoho vhledů a důležitých rad. K oddělení husté hmoty od původní, jemnohmotné mi Odin sdělil následující:

„Jak vznikla hmota, ptáš se? Zahustilo se světlo. Vytvořila se kopie původní reality. Tvá mysl způsob takové tvorby nepochopí."

„Můžeš mi alespoň sdělit či naznačit něco, co dle tvého uvážení pochopím?"

„Z původní reality se vytvořily jemnohmotné verze tamních říší a následně se zahustily do hmoty hustší. Byl to experiment. Éterická těla se do hmoty musela navázat, protože hmotu takto zahuštěnou nemohla pomocí své přirozené magické a alchymické schopnosti ovlivnit a přetvářet. Byl to systém pro fixaci vědomí v jistém prostoru a čase. Váš svět je kopií původního světa. Krásně to popsali gnostikové. Proces zahušťování hmoty ovšem nemá smysl hlouběji vysvětlovat, jelikož to tvůj současně omezený mozek stejně nepochopí a tvé původní vědomí za současným matrixem to vždy vědělo a ví..."

„Ale přece jen bych ráda věděla něco víc…"

„Důležité je toto: Vytvářel se takto i vesmír, nikoliv pouze planeta. I vesmír býval jemnohmotný. Bytosti světelné do jemné hmoty vstupovaly snadno, ale do zahuštěné se mnohým nechce, stává se totiž pastí. Jemná hmota se obývá snadněji než ta vaše současná a zahuštěná. Světelné tělo rádo zůstává svobodné a fluidní, propojené s původní realitou a Zdrojem.

Vaše světy jsou nyní pod vládou lineárního času a ten vždy vytváří tenzi a dualitu. Aby se odvíjel lineární čas, potřebujete konflikt. Však pomysli na princip psaní příběhů. Hlavní hrdinové vždy potřebují padoucha či alespoň nějaký konflikt, aby byl příběh k něčemu. V původních realitách se již časové linky, jak je známe, neprožívají. Nepotřebujeme je tam. Proto kočičí průvodci autorky Murry Hope tvrdili, že jsou ve vnějším čase a neprožívají ho vnitřně."

Původně byl tedy záměr pro hmotnou realitu jiný a v průběhu dob se to jaksi zvrtlo…

KRYSTALICKÉ A JEMNOHMOTNÉ ZÁKLADY ZEMĚ

Ivana A. a autorka Hana Sar ve svých vizích a při svém vnitřním putování nazřely dobu, kdy se tvořil tento svět. Byla ještě jemnohmotnějšího charakteru a prvotní tvůrce viděly jako bytosti okřídlené, ptačího, avšak humanoidního a dalo by se říci andělského vzezření. Tyto bytosti osadily planetu prvními krystaly, které dosud uchovávají vědomí a paměť její duše. Vytvořily nejspíše také Vnitřní Zemi, tedy srdce a spirituální centrum planety. A právě tam je stále uchováván původní záměr pro planetu.

Při svém putování do Vnitřní Země prolétávám krystalickými tunely, které připomínají tepny planety vedoucí přímo do jejího srdce. Tyto tunely mě zavedou do světelné, krystalické říše, kde vnímám propojení s jemnohmotnou i s původní realitou. O lepší vysvětlení těchto světelných základů našeho světa jsem požádala Anu, tamní královnu a strážkyni krystalického vědomí a srdce planety Země. Zde je její odpověď:

„Krystaly éterické, světelné tvoří základy našeho jemnohmotného světa. Ten váš nynější a zahuštěnější tvoří krystaly více hmotné, které světlo pouze odráží. Váš svět je kopií tohoto původního, tudíž se tvořil podobně, a přece jen jinak."

„Proč byl vlastně stvořen hmotný svět a jeho omezení?"

„Zahuštění hmoty je také proces tvoření. Zahuštěný svět však není vždy tak zatěžkán nízkými vibracemi jako váš současný matrix. Původní plán byl jiný."

„A proč se v něm nepokračovalo?"

„Hrátky temných mágů způsobily pád vědomí. Hrátky těch, kteří měli nekalé úmysly s vaším světem a stále mají. Navíc duše některých temných mágů se samy ve hmotě uvěznily jako mouchy v pavučině. Dalo by se říci, že současný matrix se stal vězením i samotných věznitelů. Proč myslíš, že dávní, jemnohmotní obyvatelé planety odešli do nitra zemského? S plánem současného matrixu nesouzníme, a tudíž se s ním neztotožňujeme. Uchováváme původní plán a vědomí tohoto světa."

„Přišli jste z Labutě?"

„Jistá část uvnitř planety je obydlena obyvateli z Labutě, avšak my jsme původní, a jak bys řekla světelné bytosti, které uchovávají prvotní záměr pro planetu z původní reality. Labuťané nás ctí a chrání. Elfí rod z Labutě se stáhl do nitra planety po pádu původního záměru pro planetu a nastavení intenzivního prožívání duality. S tou hrou nikdy nesouhlasili, stejně jako my. Hmotná planeta a její příroda byly vytvořeny s láskou a v harmonii. Limitace vědomí byly nastaveny později. V Písni vědmy je popsán pád vědomí na planetě."

„Jak vypadal prapočátek tvoření planety?"

„Planeta původně byla jen minerální, poté také rostlinná. Všechno chodící, plovoucí a plazící se přišlo až později. Vnitrozemci uchovávají prvotní vědomí planety, tedy krystalické. Proto u nás vidíš vědomé minerály a světelné postavy humanoidů, zvířat a stromů: bytosti původní, nezatížené současným matrixem, které zde opečovávají naše posvátné zahrady...

Má milá, vždyť ty jsi byla u prvotního stvoření také, jen je to dávno a nepamatuješ si to. Přišla ses také podívat. Byl to zázrak, fascinující práce. Ivana a Hana ti připomínají tvou lásku a obdiv k původní planetě. Světy původní se kopírovaly do jemné hmoty a byl to zvláštní pocit v těch prostorách putovat naším světelným tělem… Bylo to dávno předtím, než se planeta tolik energeticky zahustila a byly nastaveny ty nadmíru omezující limitace…"

„Znala jsem tedy onen okřídlený lid?"

„Ano, i když jsi nebyla jednou z nich, všichni jste se znali. Tehdy totiž Labuťané byli podobné vibrace a jejich světy byly propojeny. Z tvého pohledu je to věk dávný, ale podstatný pro uzel času, kterým se nyní zabýváš."

„Uzel času?“

„Jste zauzlení, uzamčení, svázaní... Jako smyčka se pořád točíte ve stejných tématech. Už vás to unavuje a přestává bavit. Je to onen ouroboros neboli vlčí had Jörmungandr ze severské mytologie. A co Thor udělal? Přemohl ho. Thor je archetyp vás všech, bojovník za pravdu a poznání. To je ušlechtilý a smysluplný princip bojovníka. Archetypům byly často přisuzovány lidské vlastnosti a někteří osadníci si jejich jména propůjčili. Rozlišuj tak, jak jsi zvyklá.“

Můj vnitřní hovor s královnou Anou mi připomněl sen, který se mi zdál ještě předtím, než jsme začaly s Hanou Sar objevovat naše vazby z pradávných dob. V tom snu jsme společně s Hanou a Ivanou A. vyhrabávaly ze země sošky bohyň. Čím hlouběji jsme hrabaly, tím méně svázanější a svobodnější bohyně byly a v těch nejhlubších vrstvách již byly okřídlené.

Dokopaly jsme se takto až k samotným minerálním základům země a tam jsme objevily obálku s knihou, kde nebyl uveden příjemce ani odesílatel. „Je třeba ji někomu poslat zpátky?“ zeptala jsem se jen tak do vzduchu a náhle se krajinou rozezněl libozvučný, mateřský hlas, který odpověděl: „Tu, milé děti, posílejte do éteru.“ Nyní jsem si jistá, že k nám promlouvala vnitrozemská královna Ana.

Význam snu jsem pochopila, až když jsme s Hanou Sar začaly odkrývat společné prožitky z pradávných inkarnací spojených s touto planetou. Šlo o znovunalezení našich počátečních vazeb a uvědomění si původního plánu pro tento svět před nastavením současného matrixu.

ZELENÝ MUŽ - SPOLUTVŮRCE JEDNÉ ELFÍ ŘÍŠE

Jednou jsem během svého vnitřního putování unikla strážcům současného matrixu, kteří mě chtěli různými bludy vlákat zpátky do sítě, a dostala jsem se do říše jistých vodních bytostí. Divily se, co v jejich světě dělá „dcera Zeleného muže". Začalo mě přirozeně zajímat, co to znamená. Věděla jsem sice, že Zelený muž je v keltské mytologii považován za otce vegetativního vědomí a že je také tak zvaným „psychopompem" neboli převodníkem mezi paralelními světy. Více jsem se o něm však dozvěděla až během našich hovorů.

Zelený muž je jedním ze spolutvůrců mého nejoblíbenějšího domovského světa v původní realitě. Slovo spolutvůrce zdůrazňoval a nechtěl, abych ho vnímala jako tvůrce jediného. Jeho svět by se dal nazvat elfím či vílím a obývá ho i mnoho u nás vyhynulých mytologických bytostí a zvířat. Je to svět nejpodobnější původnímu záměru pro planetu Zemi. Všichni místní obyvatelé jsou dětmi Zeleného muže, tudíž jsme tam všichni jeho dcerami a syny. V rámci jeho světa si bytosti mohou tvořit svá vlastní odvětví, tedy příbuzné říše. Respektují při tom sice formy a nastavená pravidla tamní reality, ale mohou si své říše kreativně přizpůsobit. Jaká jsou pravidla takové spolutvorby a jak probíhá tvorba osobních světů? Zeptala jsem se na to Zeleného muže a on se mi to pokusil vysvětlit:

„My spolutvůrci jsme vymysleli tvary, elementy, podmínky pro život a realizaci zdejších bytostí a také jejich podoby a formy, které však jsou z části flexibilní. Duše se v rámci našeho světa projevuje svobodně a udržuje neustále kontakt se Zdrojem.

Když obýváme říše jiného tvůrce, respektujeme jeho tvorbu, ale v původní realitě si můžeme vytvářet jakékoliv světy podle své fantazie. Pokud se duše inspiruje naší říší a vytvoří si z ní své odvětví či vícero

odvětví, nastaví si tam svá pravidla. Některé duše ovšem preferují světy již stvořené. Ty se ráda vracíš do naší říše, ale v rámci ní si tvoříš své soukromé světy. Elfí duše to tak dělávají. Labuťané byli a jsou hmotnou kopií našich světů a bytostí.“

Silné propojení se Zeleným mužem jsem prožívala v létě roku 2023. Učil mě krotit to, čemu nyní říkám „mysl současného matrixu“. Začala jsem totiž pozorovat, kdy má mysl pracuje roboticky, omezeně a repetitivně a kdy je svobodná. Robotický tok myšlenek se týkal obav, posuzování sebe či druhých a opakujících se nepříjemných vzpomínek. Tyto myšlenky se od té doby učím vědomě nahrazovat myšlenkami tvůrčími i vnitřními konverzacemi s bytostmi ze svých světů. Následkem toho jsem se začala rozpomínat na některá svá paralelní já mimo hmotu a současný matrix. Často ani nebylo zapotřebí se někam napojit či se vydat na putování vnitřním portálem. Prostě jsem si najednou vzpomněla na to, co jsem právě potřebovala vědět.

Ale nyní zpátky k Zelenému muži. Abych pochopila stvoření jeho světa, tedy paralelní elfí říše, musela jsem opustit své současné nastavení a limitace. Měla jsem totiž dlouho tendence škatulkovat světy do planet, dimenzí, hustot a vibrací hmoty, zatímco on to nazýval pouze různými realitami. Nejdříve si nebyl jistý, zda jeho vnímání realit pochopím, poprosila jsem ho tedy o podobenství. Zasmál se, odmlčel a potom mi poslal vizi vodní hladiny a řekl: „Odraz světa-světla.“ Částečně jsem začala chápat, a tak dovysvětlil: „Vše má svůj původ v původní realitě, v původním stvoření. Materia prima se odráží ve všem.“

„Vysvětlil bys mi dimenze?“

„Pokud chceš pochopit svůj svět a jeho formu dle vašich matematických zákonitostí, vysvětlím ti to takto: V 1D vnímáš existenci planety, ve 2D ji vidíš jako kruh, ve 3D jako kouli, ve 4D jako světy dělené do časových linek a v 5D jako různé verze těchto světů… To jsou ony říše, paralelní světy… chápeš? Různé verze téhož, ale rozlišných vibrací. Dimenze jsou pouze jiným pohledem na stejnou věc.“

„Takže elfí říše jsou ve 3D, ale jejich varianty existují zároveň i v dimenzích vyšších, tedy 4D a 5D?"

„Pokud to tak potřebuješ rozdělit, budiž. Spíše však tyto větší dimenze používáme k tvorbě, nejsme v nich ohraničeni."

„A co současný matrix? Jak ten do toho zapadá?"

„Časové linky vašeho typu, tedy lineární, jsou již částečně pod kontrolou, svázané. Inkarnace do nich je řízená a nemusí být nutně jen zlá, jak to někteří z vašich myslitelů a autorů tvrdí. Problém nastal, když se v rámci této řízené inkarnace nastavil omezený systém vědomí a váš svět napadly jisté parazitní bytosti, které působí v prostoru mezi původní a hmotnou realitou a živí je negativní emoce. Tím se změnilo prvotní nastavení a záměr. Bytosti začaly při inkarnaci do těl zapomínat na to, kým původně byly a proč přišly. Amnézie duše se týká především lidí, zvířata tomu nepodléhají tak silně a jsou si vědoma omezení vědomí v současném matrixu. Kdyby jen s nimi lidé telepaticky komunikovali, tak jak tomu bylo dříve! Mnohé by se dozvěděli."

„Mohl bys mi říct něco více k těm parazitním bytostem a naznačit mi, jak se jim vyhnout?"

„Kolem planety jsou nejen světelné, ale také temné, nízkovibrační a svým způsobem parazitní bytosti živící se jistými emocemi a esencemi. Ty si s vámi, tedy obyvateli na povrchu hmotné planety, v současnosti pohrávají. Zvláště pokud si nepamatujete své zdrojové já mimo jejich hru, nerozhodujete sami za sebe a necháte se jimi dobrovolně ovládat. Čím více jste někým ovládáni za hmotného života, tím spíše k tomu máte tendence i po výstupu z něj. Svoboda duše je vším."

„V původních elfích říších není nastaven reinkarnační systém?"

„Nemusí být. V původní realitě jsme proměnliví, neodžíváme jednotlivé životy, příběhy. Pokud myslíš elfí obyvatele v jemnohmotném vesmíru a Vnitřní Zemi, tam probíhá inkarnace vědomě."

„A jak to vlastně funguje v elfí říši původní reality?"

„V původní realitě si vědomě spoluvytváříme světy kolektivní a také

své vlastní. Vaši planetu vytvořili, nebo spíše tedy zkopírovali, tvůrci z realit rozsáhlejšího vědomí. Stvořitelů hmotné planety bylo více a nadále spolupracují v harmonii a lásce ke svému dílu. Pokud si ovšem celek vybere jistý směr, nedá se s tím nic dělat… Kdysi se lidé na povrchu hmotné planety ztotožnili s novým nastavením, tudíž ho nyní žijí…“

„Napadá mě, proč byl vůbec stvořen hmotný svět, když původní a světelné světy jsou tak ideální a krásné?“

„Jsi spisovatelka. Víš, že pokud existuje jedna původní verze příběhu, například Romeo a Julie, může se napsat i nespočet jiných verzí tohoto příběhu. Podle původní předlohy se poté mohou vytvořit divadelní představení, filmy, počítačové hry… A každému se líbí jiná verze. Stejně je to se světy. Někdo preferuje původní verze, jinému nevadí kopie či padělek. Podobně je tomu u světů: Někdo má raději světy z původní reality, jiný jejich jemnohmotné a hmotné kopie.“

„A mohl bys mi říct něco o Zdroji?“

„Těžko ti o tom cokoliv sdělím slovy. Pozná ho jen ten, kdo ho zažil. Slovy zkrátka nelze popsat. Pouze tam však zjistíš, že cestu k prapůvodu nenajdeme v nějakém vnějším světě ani klesáním do hlubin, či stoupáním k výšinám. Je vždy v nás a propojuje nás se vším. Do Zdroje se vstupuje zevnitř, nikoliv zvenku.“

„Takže čím vyšší dimenze, tím dál jsme od jednoty a zdroje?“

„Ne tak úplně. Je to jako tvůj oblíbený torus – čím více se rozprostřeme, tím spíše nás to vláká zpátky do centra skrze onen centrální vortex, který vše propojuje. Vysvětleno pro mysl nastavenou v prostoru a čase: Vše je propojeno a pochází z a navrací se do stejného zdroje jednoty bytí. Pochop, musím svá sdělení filtrovat přes nastavení tvé současné matrix-mysli…“

„A proč jste vytvořili elfí a vílí světy?“

„Co řekneš dítěti, když se věčně ptá, proč je něco tak či onak? Co bys odpověděla, kdybych otázku otočil: Proč tvoříš ty své příběhy a knihy?“

Vnímala jsem jeho láskyplný úsměv. Skutečně to na mě působilo, jako

kdyby otec mluvil k dítěti. Stále mě však zajímaly ony větší či vyšší dimenze a měla jsem potřebu si je někam škatulkovat. A tak, i když jsem už sama sobě přišla otravná, ptala jsem se ho dál:

„Řekl bys mi prosím více o tom, jak se tvoří paralelní říše v původní realitě? Máte k dispozici rozsáhlejší dimenze?"

„Nejsme omezení na pouhé tři, to je pravda. Nejsme omezeni daným časem a danou hmotou. Paralelních říší v původní realitě je nespočetně mnoho. Každému se líbí jiný svět a náleží k více světům včetně těch, které si tvoří sám. Některé světy jsou spoluvytvářené větší či menší skupinou duší, jiné jednotlivými dušemi. Někomu stačí jeden svět, jiný obývá více světů a putuje mezi nimi, podobně jako ve hmotě se cestuje mezi planetami, kontinenty a územími na povrchu i pod povrchem..."

„Některé světy jsou však i temné a nízkovibrační," poznamenala jsem a on odvětil: „Původní realita je tvárná a vědomí zde tvoří nebeské i pekelné světy. Zamysli se nad tím, jaké projevy éteričtějšího bytí nejčastěji lidé vidí ve vašem světě? Duchy, víly, skřítky, trpaslíky, anděly, ale také démony. Všichni jsou většinou z jemnohmotné, nebo z původní reality, ale existují v různých vibracích – od těch nejvíce negativních po ty nejvíce pozitivní. Ve všech duálních světech světlo vrhá stín a dobro má protipól zla. Všechny ty bytosti, které vnímáte, se vás nějakým způsobem týkají, ať už vibrují na negativních, či pozitivních vlnách. Dualita mizí pouze ve Zdroji."

„Tam se blízké duše vždy najdou, že?"

„Ano. Všichni ze Zdroje můžeme vstupovat do různých projevů života v různých paralelních světech. Podobně jako ve hmotě: Každý můžete pocházet z jiné planety, země, jiného města či rodu, a přece k sobě blízké duše vždy najdou cestu. Základem jsou skupiny duší. Prostory, v nichž si spolu hrají, mohou být nekonečně různorodé. Ke světům našich blízkých duší většinou máme klíče."

„A mohl bys mi říci, jak vnímáš čas?"

„V tom, co nazýváš současný matrix, je čas otrokem či pánem. Buďto je otrokem svých tvůrců, nebo pánem toho, co bylo vytvořeno. Máte nastavené limitace, tedy můžete pracovat s časem a hmotou jen do jisté míry – například můžete ovlivnit, kolik času čemu věnujete, ale samotný tok času většina z vás neovlivní. Stejně limitovaná je vaše fyzická schránka. Hmotné tělo máte dané od narození, avšak můžete ho částečně měnit: obléci, změnit barvu a střih vlasů, někteří zvolí i větší přeměnu pomocí operace. Měnit fyzickou realitu i čas však můžete i ve hmotě, pokud se propojíte se svým skutečným já za iluzí současného omezení.“

„A jak se čas projevuje v původní realitě a v elfích říších?“

„U nás čas bytostem nevládne, není fixní ani lineární, je flexibilní. Můžeme si ho zkrátit, prodloužit i pozastavit. Čas je pro nás prostředkem tvorby. Ani forma zde není daná. Bytosti si mohou svou formu přeměnit dle libosti. Ve světě bez limitací však bytosti vědomě spolupracují, aby nevytvářely chaos. Jsou mezi námi všemi jisté dohody, jsme propojeni s vědomím všech bytostí své říše a světem jako takovým. Spoluvytváříme své říše a společnou realitu v harmonii.“

A jakmile to dopověděl, zahlédla jsem v koutku oka pohyb. Částečně se projevil ve hmotě, protože jsem na chvíli vypnula omezení své hmotné existence.

VZPOMÍNKY MÉ DUŠE

Vědomí toho, že tento hmotný svět je pouze nedokonalou kopií toho původního, může mnohým z nás dávat útěchu, především ve dnech temných a nejistých. Přestože v současné inkarnaci všichni zažíváme amnézii duše, v nitru všichni dobře víme, odkud jsme sem přišli a kam se po fyzické smrti vracíme. Vzpomínky duše mohou přicházet vědomě a spontánně či ve snech, ale jsou nám vždy k dispozici, pokud se o ně začneme zajímat.

V dětství je ještě takovéto vzpomínání snadnější než v pubertě a

dospělosti, kdy už nás rodina a okolí velmi intenzivně formuje a přenastavuje naši dětskou mysl naučenými pravidly či „znalostmi". Následkem toho snadno začneme ztrácet víru ve své přirozené talenty a zkušenosti z předešlých inkarnací. Ke svému původu se mnozí z nás vrací až poté, když pustí rodové a jiné zátěže.

Ti z nás, kteří přišli z elfí říše, se od malička projevují silnou empatií a respektem ke všemu živému, a to především k přírodě a zvířatům. Postupně je však ovlivňují lidská společenství, která jsou v současnosti manipulována a oddělena od přírody vnitřní i vnější.

Ovlivňuje nás také rodina, škola, práce a vztahy. Inkarnovaní elfové a víly se často v tomto světě ztrácí, a pokud kolem sebe nemají své spřízněné duše, cítí se velmi osamělí a stáhnou se raději do sebe. To se stalo i mně. V pubertě jsem se na čas přizpůsobila okolnostem, ale nikdy jsem si nepřišla celistvá, až do doby, kdy mi začalo docházet, odkud jsem přišla a proč jsem tady. Tato kniha je mým prvním krokem k přímému sdílení svých vzpomínek a zážitků z elfích říší.

SOUHVĚZDÍ LABUTĚ: HISTORICKÉ, SOUČASNÉ A RUNOVÉ SPOJITOSTI

DÁVNÉ SPOJITOSTI

Souvislost mezi labutěmi a elfy je i v samotných slovech. Elf je islandsky „álfur", což je přímo odvozeno od islandského „álft" neboli „labutě". Jak mě upozornil můj manžel, severští bohové Vanové, islandsky Vanir, by mohli být odvozeni od dalšího výrazu pro labutě, a sice „svanir". Říše álfarů (elfů) byla spjatá s rodem Vanir (Vanů) a vanský bůh Freyr ji dokonce dostal do opatrovnictví. Jméno Freyr je navíc spojováno s anglickým výrazem pro víly či elfy, tedy „fae", „fay" či „fey". Ve staré keltštině byla labuť „eli" a ve staré irštině „elu", takže i slovo elf se váže k labuti. V jazycích vždy najdeme klíčové souvislosti a mnohdy i zásadnější informace než v historických textech, které byly často záměrně přepisovány.

U irských i severských bohů je zřejmá souvislost s Vnitřní Zemí. Irští

Fomori a Tuatha Dé prý žili i v podzemních prostorách země a severský bůh stvořitel Odin zase často putoval mezi svou říší a studnou moudrosti a předků v kořenech Stromu světa. Jak později vysvětlím, při spolupráci s Hanou Sar se nám potvrdilo, že z Lyry přišli obři a z Labutě elfí bytosti. Obě souhvězdí leží podél Mléčné dráhy, a mohou se tedy týkat i „mléčného jezera" v severské mytologii, kde žijí dvě labutě spolu s třemi obryněmi.

Před dávnými věky však toto souhvězdí patřilo do většího souhvězdí Orla. Možná se jedná o téhož orla, který sídlí na vrcholku severského Stromu světa. Domnívám se, že podobně jako Vnitřní Země mohlo být i centrum naší Galaxie portálem mezi jemnohmotnou a původní realitou.

Nad spojením mezi planetou Zemí a souhvězdím Labutě (latinsky Cygnus) bádá autor Andrew Collins a zabývá se tímto tématem i ve svých knihách. Collins vypátral, že mnoho posvátných starověkých lokalit, například Gobekli Tepe, Stonehenge, Avebury a další, mělo přímou souvztažnost se souhvězdím Labutě. Ve svých publikacích také dokazuje, že toto souhvězdí bylo v pradávných kulturách této planety vnímáno jako nebeský portál, kterým duše putují po smrti. Navíc, mnoho božstev bylo spojováno s labutí. Například indická bohyně Saraswati či řecká Afrodité byly často vyobrazovány na hřbetu letící labutě. Labutími dívkami byly také valkýry, dcery severského boha Odina. V irské mytologii k ní má souvztažnost bohyně Brigit a irský bůh Aengus. Ten se podobně jako řecký bůh Zeus v labuť přímo proměňuje. V irské legendě *Děti krále Lira* zase macecha proměnila své nevlastní děti v labutě. Mohla by tu být spojitost mezi králem Lirem a Lyrou, přilehlým souhvězdím u Labutě. Proměna v labuť je jistě symbolická, pokud tedy naši předci neovládali magii a alchymii rozsáhlejších dimenzí. Mohlo se ovšem jednat i o změnu podoby z Labuťana do pozemšťana. Jemnohmotné bytosti ostatně dokáží vstoupit do hmotných lidských těl.

Nejjasnější hvězda souhvězdí Labutě Deneb byla kolem roku 15 770 před naším letopočtem Polárkou a v budoucnu by opět měla být

nejbližší hvězdou k severnímu pólu. A to mě přivádí k legendárnímu ostrovu zvanému Hyperborea, který dle antického Řecka ležel za severním větrem, kde slunce svítilo dvacet čtyři hodin denně a kde nikdo nestárnul. Hyperborejci byli považováni za národ bělostné pleti i vlasů, oplývající moudrostí a ušlechtilostí.

Tuatha Dé, tedy i labuťanští bozi Brigit a Aengus, asi také měli vazbu s Hyperboreou. Pochází totiž z rodu Nemed, který se po vnitřním konfliktu rozdělil na dvě skupiny. Skupina Tuatha Dé odjela na sever do čtyř magických měst, zatímco druhá skupina odešla na jih a její zchudlý námořnický lid byl od té doby zván Fir Bolg (v překladu doslova „lid pytlů"). Hyperborea byla zobrazována jako ostrov rozdělený do čtyř částí, takže souvislost se čtyřmi magickými městy se zde nabízí. Navíc tam údajně byla vyspělá kultura a Tuatha Dé se zabývali především uměním a magií. Někteří Slované se také považují za předky Hyperborejců, ale domnívám se, že Slované, Keltové, Germáni, a dle asociace s runovým písmem nejspíše i Etruskové, pochází ze stejného rodu a měli bychom jim všem asi spíše říkat Hyperborejci.

SOUČASNÉ SPOJITOSTI

Jak se k nám ale souhvězdí Labutě vztahuje dnes? První planetou, o níž NASA uvedla, že je srovnatelná se Zemí, se stala Kepler 186f. Tato planeta se nachází právě v souhvězdí Labutě ve vzdálenosti asi 580 světelných let od Země. Podle odhadů je tamní krajina stepního charakteru s mělkými vodami a s gravitací asi o 17 procent vyšší než na Zemi.

V současné době také dochází k nevysvětlitelným anomáliím v souhvězdí Labutě, a sice v okolí hvězdy KIC 8462852, známé rovněž pod názvem Tabby Star (Tabbyina hvězda) podle Tabby Boyajian, hlavní autorky vědecké studie věnující se podivnému chování této hvězdy. Svou studii nazývali vědci během výzkumu laškovně WTF Star, což je zkratka oficiálního názvu *Where's the Flux*? Ale WTF je v angličtině zkratka pro „what the f*ck" (co to s*kra je?). Vědci tím vtipně skryli své podivení nad neobvyklým chováním světelné křivky této hvězdy. Tabby Boyajian nakonec studii uzavřela tím, že buď se zde jedná o přírodní úkaz, který nedokážeme vysvětlit, nebo o mimozemskou technologii, kterou zatím také nedokážeme vysvětlit.

Vědci stále diskutují o tom, co se kolem Tabbyiny hvězdy děje. Dříve navrhované vysvětlení je opět předmětem debaty. Jasné je pouze toto: cokoliv se pohybuje v blízkosti této hvězdy, způsobuje z našeho pohledu její periodické zatmívání. Již zmíněný autor a badatel Andrew Collins a jeho kolega Rodney Hale navíc zjistili, že se solární cyklus naší planety synchronizuje se záhadným zatmíváním této hvězdy a každá z těchto synchronizací je násobkem čísla 11. Doporučuji si přečíst jejich vědeckou práci. (A.Collins a R.Hale, červen 2017, *KIC 8462852 – Physical Modelling of its Occulting Objects and the Mystery of the Cyclic Fluctuations*, vixra.org)

ČÍSELNÉ A RUNOVÉ SOUVISLOSTI

Od jisté doby se začalo mluvit o synchronicitě čísla 11, tedy čísla spojeného mimo jiné i se záhadnou Tabbyinou hvězdou. Lidé začali opakovaně vidět na hodinkách tato čísla a jedničky se jim zjevovaly i jinde. Mnohým z nás se to stále děje a možná jste si všimli, že u toho většinou diskutujete nebo zvažujete něco významného. U mě je tato synchronicita často podpořena symbolem labutě a osmicípou hvězdou. Jelikož se již více než dvacet let věnuji práci s runami, posvátnou geometrií a magickými symboly, u čísla 11 mi v mysli hned začaly vyvstávat s ním spojené runy.

Nejzřetelnější je runa laguz, která vypadá jako jednička otočená doprava, i když Etruskové ji zobrazovali otočenou doleva. Dle mé zkušenosti je levá strana spojována se současným matrixem, kdežto pravá strana s původní realitou. Laguz je runa vody, tudíž bývá spojována i s vodním ptactvem. Navíc vody zemské se odráží v těch nebeských a není náhoda, že používáme výrazy jako „vesmírné plavidlo" či „vesmírná loď"'.

Runa laguz je skrytá a zdvojená také v runách tiwaz, ansuz, ehwaz, eihwaz a mannaz. Runa tiwaz je runou pilíře světa propojující nebe se zemí. Ansuz je zase runou našich božských předků, ale je to také symbol našeho vlastního božství. Ehwaz je runou posvátného, osminohého koně boha Odina, který je nejspíše alegorií světelného těla někdy zvaného merkaba. Runa eihwaz (podobný název jako ehwaz) reprezentuje Strom světa neboli propojení všech paralelních světů. Runa mannaz symbolizuje lidskou bytost. Společně bychom význam takovéhoto runového spojení mohli přečíst takto: „Pilířem spojujícím nebe se zemí cestují vesmírnými vodami a jinými paralelními říšemi světelná těla našich božských předků i nás samotných." Možná si

pamatujete z předešlých kapitol, že název pro severský Strom světa je Yggdrasil, což v překladu znamená „já-cestuji" či „můj vůz". Že by pouhá náhoda? Zde vidíte, že všechny shora zmíněné runy lze odvodit od runy laguz:

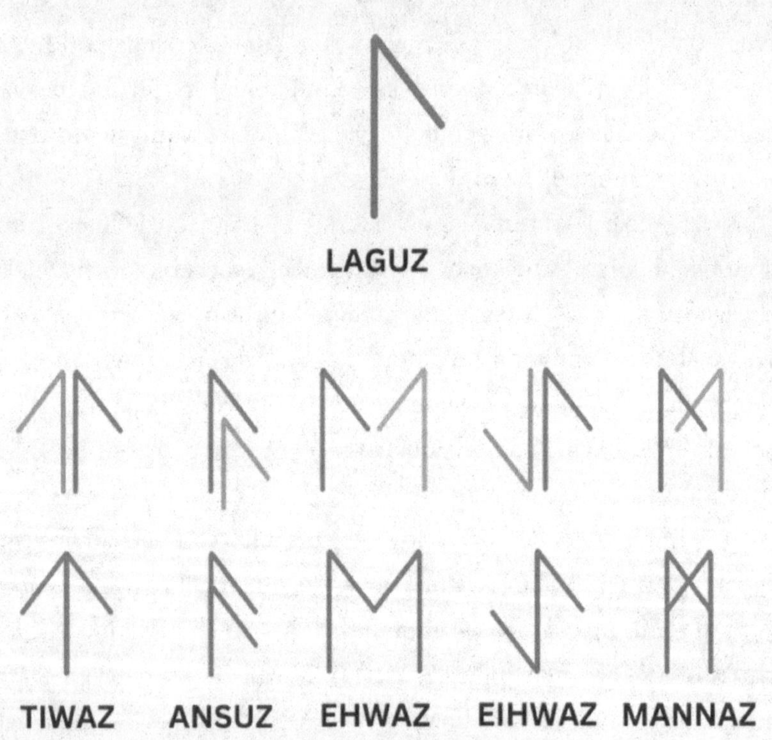

Runa, která však nejvíce připomíná souhvězdí Labutě, je algiz:

Tento název pochází z již zaniklého starogermánského jazyka gótských kmenů, kde termín „algis" znamenal „labuť". Jak jsem zmínila v mnoha předchozích kapitolách, slova začínající na „al" či „el" jsou v mnoha jazycích spojována s labutěmi a také s elfy. Později se této runě začalo říkat také „elhaz", což se překládá jako „los". Oba názvy jsou důležité, jelikož los je nejmocnějším zástupcem jelenovitých, a jak víme, labutě i jeleni byli pro Kelty i Seveřany posvátnými zvířaty. Runa algiz/elhaz navíc symbolizuje náš božský původ a propojení hmotné reality s původní realitou. Pokud se do této runy doslova postavíme, náš postoj připomene vzývání nebes.

A co se týče synchronicity 11:11, připomíná mimo jiné čtyři linky a dva středobody. Pokud tyto linky dvakrát zkřížíme, získáme osmicípou hvězdu typu sněhová vločka, která je v severské magii symbolem propojení devíti říší Stromu světa. Osm vnějších bodů je spojeno v devátém, posvátném bodu Zdroje.

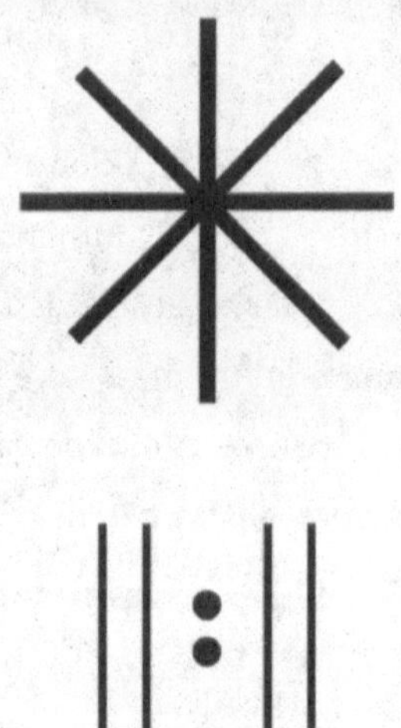

Jak toto souhvězdí souvisí s historií naší planety, můžeme pouze odhadovat, či začít pátrat mimo hmotnou existenci. V následující kapitole se pokusím popsat vzpomínání na své dávné inkarnace, které se týkají souhvězdí Labutě, elfích rodů a počátečního osídlování povrchu i vnitřních prostor této planety.

Pro zvídavé duše ještě přikládám kombinaci všech variant osmicípé hvězdy, jelikož v ní jsou při bližším pohledu k vidění všechny zmíněné runy spojené se souhvězdním Labutě – algiz, laguz, eihwaz, ehwaz, tiwaz a ansuz. Posuďte sami:

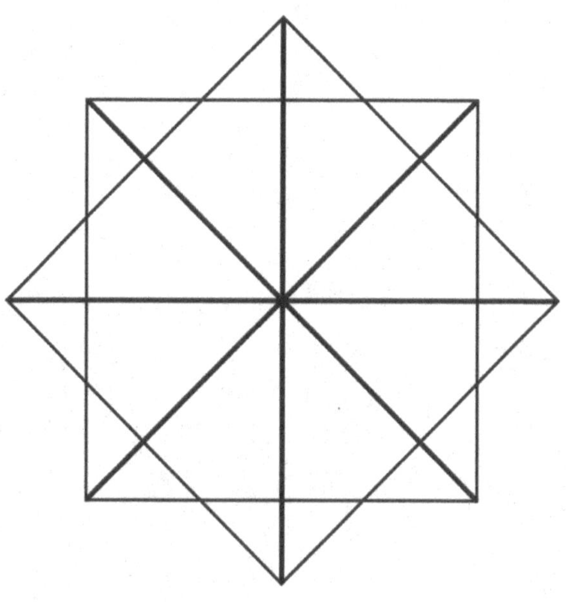

SOUHVĚZDÍ LABUTĚ, ELFÍ BYTOSTI, VNITŘNÍ ZEMĚ A SPOJITOSTI ZE VZPOMÍNEK MÉ DUŠE

PRVNÍ VZPOMÍNÁNÍ

Na původ své duše a její vztah s elfími říšemi jsem se napojovala již za svého života v Praze, avšak mé vnitřní putování do těchto světů odstartoval až přesun do našeho současného domova u Stříbrné Skalice. Objevila jsem zde totiž portály do elfích říší i jednu pradávnou teleportační stanici vztahující se k souhvězdí Labutě i Lyry.

Autorka, badatelka a blízká duše Hana Sar, s níž jsem se poprvé setkala v roce 2017, mě inspirovala k tomu, abych lépe propátrala hvězdný, ale především duchovní původ své duše. Za nejdůležitější poselství její práce považuji právě to, že své čtenáře a studenty nabádá k poznávání svých předků nejen v hmotné realitě, ale především v té původní. Rodina duší je totiž základním klíčem k pochopení naší

inkarnace a současného poslání. Na místech a časových osách nezáleží tak moc jako na propojení blízkých duší. Za milovanými bytostmi totiž putujeme kamkoliv, klidně i do těch nejtemnějších a nejnáročnějších míst. Jak se říká: Domov je tam, kde je srdce.

Díky Haně Sar jsem se tedy začala zajímat o svůj původ a důvod svého působení na Zemi. Než jsme se setkaly, byla mi předpovězena jednou naší rodinnou vědmou jako někdo, s kým najdu velký poklad. Ten poklad byl spirituálního rázu a o to více je pro mě důležitý.

Nejdříve bych měla zmínit, že v době, kdy jsem poznala Hanu Sar, jsem také začala lépe poznávat jistého jemnohmotného muže ze souhvězdí Labutě, který se váže i k elfí, vnější části Vnitřní Země. Nejdříve jsem ho nazývala „bezejmenný", protože nechtěl své jméno kvůli mému i svému bezpečí prozradit, ale pro lepší orientaci jsem ho posléze pojmenovala Nuah. Nuah je bojovník za práva lidí, především pozemských žen, jelikož ty byly a bohužel stále jsou často zneužívány pro různé hybridizační projekty, proti nimž jistí labuťanští rebelové vždy bojovali a dodnes bojují.

Postupně jsem však poznala i Nuahovo já z původní reality, které existuje mimo čas a prostor. Tuto jeho verzi mohu kontaktovat kdykoliv. Jeho současnou inkarnaci v těle labuťanského muže, který se pohybuje mezi říší ve vnější Vnitřní Zemi a svou domovskou planetou v souhvězdí Labutě, kontaktuji sporadicky. Spíše vždy vyčkám, až se ozve on, jelikož je velmi vytížen. Jsme telepaticky propojeni jako všichni labuťanští inkarnáti, ať už ti ze souhvězdí Labutě, Vnitřní Země, či budoucnosti jemnohmotné planety.

Labuťané jsou podobní lidem, ale patří k elfímu rodu pradávných humanoidů a jsou buďto mnohem vyššího, nebo mnohem menšího vzrůstu než my. Rod Labuťanů kdysi našel útočiště na povrchu zemském a posléze ve Vnitřní Zemi. Všechny druhy Labuťanů spojují následující charakteristiky: mají velmi bledou pleť, vrásčité tváře, šlachovité tělo, špičaté či naopak velké a kulaté uši a zapadlé, lehce zešikmené oči.

Pochází z jemnohmotného vesmíru. Jejich těla jsou jemnohmotnější než ta naše a jejich orgány se zdají býti spíše krystalického charakteru.

Jsou tedy éteričtí a rodí se i umírají vědomě. Zajímá je umění, magie, alchymie a na Zem přivezli mimo jiné také runy a některé magické symboly. Jak jsem již zmínila, jsou to oni severští elfové a slovo „elf" je přímo odvozeno od slova pro labuť (různými jazyky eli, elea, ela, álft apod.). Jelikož byli většinou bělovlasí i černovlasí a dokázali levitovat a vznášet se, opravdu by se dali připodobnit k labutím. Kdo ví, proč se tedy tomuto souhvězdí dal název podle těchto vodních ptáků, kteří vždy symbolicky propojovali element vzduchu s pozemským i vesmírným vodstvem. Navíc byla v mnoha starověkých kulturách souhvězdí kolem Mléčné dráhy vnímána jako portály mezi světy a samotné labutě jako převodníci.

S Labuťanem Nuahem jsem se poprvé setkala v jednom z oněch velmi reálných snů. Ve snech často putuji mezi paralelními světy, po probuzení se však těžko uzemňuji a vnímám, že jsem ještě napůl mezi rozdílnými realitami. Nuah mě a pár dalších žen zachránil před jinými mimozemskými muži, kteří nás chtěli unést a vnutit nám účast při experimentální hybridizaci rodů. Nuah si nás později pozval na tajnou schůzku a sdělil nám důležitou věc: Že jsme ohraničeni tím, co nazval „mřížkou", a skutečný vesmír je před námi záměrně skrýván. Později mi také řekl, že v nitru země je skrytá říše dávných i současných labuťanských kmenů.

Díky Nuahovi jsem poznala temnou historii zneužívání žen vesmírnými rody, které po zániku svých civilizací přesídlily na planetu Zemi. Tehdejší pozemšťané je uctívali jako své bohy a oni toho zneužívali. Místní muže tito mimozemští lidé zotročovali a ženy manipulovali k tomu, aby jim rodily hybridní děti. Mísením genů si zajistili nárok na tuto planetu a její obyvatele. Aktivisté z Labutě vždy chránili lidská práva a mnohokrát proti různým vesmírným nájezdníkům bojovali.

Poznámka: Na Petříně je jeden z prostupů do jemnohmotné reality, ale také jsou tam portály vedoucí do různých paralelních a původních verzí Prahy. Čtenáři této knihy však asi již vědí, že Praha je odvozena od slova práh.

DÁVNÝ TELEPORT A JEMNOHMOTNÁ PLANETA

Díky již zmíněnému A. Collinsovi víme, že mnoho prastarých kultur a staveb mělo nějaké propojení se souhvězdím Labutě. Střípky byly dochovány v mytologiích a legendách, avšak je to tak dávná historie, že jinak než pomocí vnitřního putování a vzpomínek duše se nic konkrétnějšího nedozvíme. Mé vzpomínání začalo brzy poté, co jsme se s Hanou Sar napojily na naši pradávnou a společnou inkarnaci na této planetě. Bylo to při vycházce na jeden magický kopec blízko našeho současného domova. Říkáme mu s manželem Gebo podle stejnojmenné runy, kterou tam často vidíme. Runa gebo propojuje světy i bytosti a doslova znamená „dar od bohů".

Na tomto kopci jsme se s Hanou začaly rozpomínat na náš dávný příběh a zjistily jsme, že tam stával teleport, který spojoval Zemi se souhvězdím Labutě a Lyry. Hana byla tehdy obryní z Lyry a já elfkou z Labutě. Teleport byl kdysi zničen cizími vesmírnými nájezdníky a někteří obři i elfové se stáhli do Vnitřní Země, která nikdy nebyla dobyta.

Společně s Hanou a její kolegyní, též původně Labuťankou a mou jmenovkyní Ivou, jsme tam aktivovaly portál mezi časoprostory za účelem propojení s našimi minulými já a předky z Labutě a Lyry. Aktivace portálu na Gebo pro mě nebyla lehká. Hana a Iva rituál podporovaly ze svých domovů, ale já v té chvíli na místě zažila silnou ledovou bouři a došla domů naprosto zmrzlá a vyčerpaná. Protistrana reagovala po svém, avšak portál byl zdárně otevřen.

Jakmile jsem se doma zahřála a ulehla pod deku, propadla jsem se do velmi reálné vize, kde jsem viděla jemnohmotnou, minulou a budoucí verzi planety za současným matrixem. Vnímala jsem ji napravo a náš současný stav nalevo. Byl to pro mě silný moment uvědomění, i když jsem to v hloubi duše vždy věděla… A v tu chvíli se plně aktivovalo rozpomínání mé duše.

ELFOVÉ ZE SOUHVĚZDÍ LABUTĚ

Po aktivaci portálu na kopci Gebo jsem se při vnitřním putování a s pomocí svých průvodců začala rozpomínat na to, jak a proč jsem přišla na planetu Zemi. Jako ověření svých poznatků jsem považovala to, že kolegyně Hany Sar Iva při svém vlastním bádání nazřela svůj dávný svět v souhvězdí Labutě velmi podobně jako já. Tamní krajina byla spíše stepního charakteru, tedy jako současná exoplaneta v souhvězdí Labutě Kepler 186f, což jsme ovšem tehdy ještě nevěděly. Obě jsme tam také vnímaly mělké a čisté vody. Místní obyvatelé se dorozumívali symbolickou řečí těla a pozornost byla věnována především gestikulaci rukou.

Já je vnímala jako elfy. Byli tam ti vysocí, asi o metr vyšší než běžný člověk dnešního typu, také menší typu hobů, ale i ti nejmenší typu skřítků. Všichni působili étericky, křehce, a přece mocně. Mezi pohlavími tam nebyl příliš velký rozdíl a všichni měli bledou, vrásčitou kůži a bílé nebo černé vlasy. Tamní elfí rod se živil různobarevnými květinami, které se po pozření propojily s organismem, a kůže se následkem toho zbarvila do barvy dané květiny. Výživu poskytoval i tamní vzduch (prána) a spánek, jenž byl spíše hlubokým a vědomým napojením na Zdroj a původní realitu. Gravitace tam byla jiná než tady. Dokázali jsme levitovat a vznášet se a někteří z nás i létat. Já tehdy byla jednou ze „vzdušných

tanečnic" a svým tancem a gestikulací rukou jsem předávala důležité vědomosti. Nějak s tím byly spojeny i runy: Rukama i tělem jsem vytvářela runové obrazce.

Labuťanská technologie byla založena na krystalech a propojena s krystalickým vědomím našeho světa. Proto jsme měli v jistých částech těla uloženy krystaly a s některými jsme se již narodili. Byly tam rovněž křišťálové koule se zakódovanými informacemi. Fungovaly jako knihy, jejichž text vstoupil do mysli toho, kdo je podržel v dlani. Velmi zajímavé byly náhrdelníky příběhů: Malé krystaly navlečené na šňůrce, kde každý krystal reprezentoval jiný příběh. Tato technologie je dodnes uchovávána ve Vnitřní Zemi a jemnohmotném vesmíru.

O této planetě se mi zdávalo od malička. Tamní města byla pískové barvy a plná útulných domů, ale také věží, mol a mostů, které stály pouze o něco výše než břehy tamního vodstva. Nevnímala jsem tam příliš rostlinstva ani živočichů kromě obřích motýlů, vážek a jiných okřídlených hmyzích forem, jež jsme s sebou vzali na jiné lokality poté, co duše naší planety začala vědomě opouštět svou formu.

Tu planetu jsem vnímala jemnohmotně a étericky, podobně jako původní a budoucí verzi této planety. Všichni obyvatelé si tam byli vědomi toho, že existuje Zdroj i původní realita. Znali jsme tedy předlohy světů našeho vesmíru a věděli jsme, že se do jemné hmoty inkarnujeme pouze částečně. Naše těla tehdy ještě nebyla zatížena limitacemi, které prožíváme dnes. Rodili jsme se všichni vědomě a existenci po dokončení našeho plánu opouštěli pomocí vlastní vůle. Dokázali jsme se obnovovat, tudíž jsme nemohli onemocnět. Plození dětí bylo také vědomé a jen pokud byly dané bytosti v souladu srdcem i duší.

V jemnohmotném vesmíru jsme zažili pouze války magického charakteru. V historii jsme se mnohokrát bránili před temnými mágy, kteří se k nám dostávali z nízkovibračních světů pomocí zneužité magie a alchymie. Vytvářeli duševní nemoci, kdy tělo žilo dál, ale duše chřadla. Náhle člověk začal být melancholický, nořil se do stinných míst svého

podvědomí a ulpíval ve vnitřním chaosu. Nějakou dobu proto byla magie zcela zakázána. Zbraně u nás byly diskového tvaru a na bázi světelné energie, která způsobila okamžitý výbuch éterického těla. Bytost nevnímala bolest ani svůj zánik, přesto však byl tento odchod náhlý a traumatický. Takový typ zbraně dosud vídám v rukou Nuaha, dnešního Labuťana, s nímž jsem od jisté doby v kontaktu. Bylo by naivní si myslet nebo tvrdit, že elfí obyvatelé souhvězdí Labutě byli pouze harmoničtí, jelikož všechno ve hmotě, ať už hmotné, či jemnohmotné, podléhá dualitě. Dodnes jsou Labuťané podobně duální jako my lidé, ale mají vyšší vibraci a váží si všech forem života.

PŘESUN NA PLANETU ZEMI A DO VNITŘNÍ ZEMĚ

Na jiné planety Labuťané přesídlili poté, co ta jejich začala zanikat. Vnímali jsme to nikoliv jako katastrofu, ale jako vědomý odchod a transformaci jejího jemnohmotného bytí. Náš elfí rod nejvíce lákala Země, protože se podobala elfí říši v původní realitě. Jak jsem již řekla, tehdy byla i tato planeta součástí jemnohmotného vesmíru a nebyl zde ještě tak přísný matrix. Nejdříve šli vysocí elfové, poté i menší a společně s okřídleným hmyzem a rostlinami jsme posléze přesunuli i ty nejmenší humanoidy. Na planetu jsme se teleportovali. Neměli jsme vesmírné lodě. Z počátku jsme se tady cítili dobře a potkali i mnoho jiných druhů včetně již zmíněných obrů z Lyry a také kočkoobrů. Bylo to v době, kdy se tvořily nové verze světů a Země se začala zahušťovat. Postupně se změnila i gravitace.

Až později na Zemi započala tvorba hmotných těl. Pro jejich vyzkoušení jsme byli instruováni „navázat" své jemnohmotné tělo na hmotné. Hmotná těla měla být původně pouze jakýmsi dopravním

prostředkem či skafandrem pro naše vědomí, které umožňovalo plnohodnotné fungování v zahuštěné hmotě. Do těchto těl tehdy vědomě vstupovaly i jiné bytosti z různých planet a galaxií. Byl to experiment a celý vesmír to velmi zajímalo. Na počátku nám to celé připadalo dobrodružné a lákavé. Planeta tehdy byla rájem plným okouzlujících zvířat, bujné vegetace a krásných vodních ploch. Zažívali jsme mnohá dobrodružství a odehrávali různé příběhy. Dočasný pobyt v hmotném těle pro nás byl zajímavou zkušeností a senzace dotyku nás fascinovala.

Potom se to však nějak zvrtlo, a jak mi bylo sděleno, experiment zahuštěné hmoty vzaly do rukou jiné bytosti, oni temní mágové. Viděla jsem, jak vypadali, ale nechci je zde popisovat a připomínat si je. Každopádně se pod jejich vlivem začala hmotná inkarnace více limitovat. Například byla nastavena expirační doba těl. Následně došlo i k přepnutí vědomí při zrození, které způsobilo částečnou amnézii duše z důvodu intenzivnějších prožitků krátké inkarnace. Při vstupu do fyzických těl jsme zapomněli na své jemnohmotné tělo, zdrojové pole i na svůj zdroj. Tedy už jsme nemohli vědomě používat naše regenerační, léčivé a magické schopnosti. Díky této amnézii jsme naprosto ztratili pojem o tom, kým jsme, odkud přicházíme a jak z těl vědomě vystoupit neboli jak „vyvázat" své vědomí z hmotné formy.

Některé však ani takto přísně nastavená pravidla neodradila. Pobyt v hmotném těle znamenal dočasné vystoupení z bezpečné zóny bytí do časem ohraničeného, intenzivně duálního dobrodružství. Pro jiné ale hmotná těla začala být vězením, jelikož i po jejich zániku bylo vědomí temnými mágy naváděno k okamžitému návratu do jiné hmotné formy.

Většina Labuťanů se postupně začala přesouvat do vnější části Vnitřní Země. Vnitřní Země zůstala i po nastavení nového matrixu a přísného inkarnačního systému svobodná a jemnohmotná. Následně už se Labuťané neinkarnovali přímo jemnohmotným tělem, ale pouze pomocí částečného přesunu vědomí. Ve svých vzpomínkách to vidím jako částečnou inkarnaci, tedy vy-tělesnění vědomí do fyzického těla, zatímco

to jemnohmotné je bezpečně uchováno v jakési stázi. Nerozumím tomu, jak bylo možné takto vědecky asistovat inkarnaci, ale technologie tehdy byla mnohem vyspělejší a dodnes to takto v jemnohmotném vesmíru funguje.

Avšak tehdy se někteří z nás, kteří již prožívali částečnou amnézii na povrchu, dostali do spárů oněch temných mágů a jiných parazitních bytostí z nízkovibračních realit, které experiment zahuštěné hmoty a časem ohraničené inkarnace zajímal. Především bažily po negativních emocích, které těla produkovala následkem odpojením od původní reality. Krev hmotných těl byla považována za esenci těchto emocí, a čím silnější byly emoce, tím výživnější byla pro ty parazitní entity krev. Zní to jako sci-fi a horor dohromady? Nebo jako drsná pravda? Příroda hmotné planety je přece dodnes postavena na tom, že menší organismy živí ty větší, a tento systém vykořisťování se velmi ujal i v lidské společnosti. To je ovšem pohled z někoho, kdo přišel ze světa, kde se život prožívá jinak a bytosti žijí společně v harmonii. Omezené nastavení prostoru a času skýtá mnohá dobrodružství, a duším dobrodruhů tedy může vyhovovat.

Ale zpátky k mému vzpomínání: Naše labuťanská skupina, složená z menších i vyšších humanoidů elfího rodu, kdysi poskytovala krev oněm parazitním bytostem, které trvaly na tom, že jinak na Zemi nepřežijí. Elfové bývají velmi empatičtí, tudíž bychom se asi těm bytostem nevymanili bez pomoci obrů z Lyry, kteří nás tehdy zachránili. Jedněmi z nich byla Hana Sar a její tehdejší partner, s nímž čekala dítě. V té době jsem se setkala i se svým dnešním manželem Gunnarem, který byl také z Labutě. Již nějakou dobu působil v hmotném těle a snažil se opravit jakýsi přenosný teleport. Tento teleport byl sice jiný než ten na kopci Gebo, ale měl s ním nějakou souvislost. Pod kopcem Gebo tehdy byl přímý vstup do elfí říše uvnitř planety, tedy vnější části Vnitřní Země. Jelikož se ani jeden z dávných teleportů nepodařilo opravit a naše schopnost cestovat světelnými toroidy byla novým systémem deaktivována, začala evakuace

všech obřích a elfích rodů blíže ke krystalické Vnitřní Zemi, kde jsme byli všichni vítáni.

Z mnohých z nás se posléze stali převaděči obřích, elfích, ale i jiných humanoidních, zvířecích a rostlinných bytostí. Převáděli jsme je do elfí říše nad krystalickou Vnitřní Zemí a přes portály v nitru planety do různých paralelních světů. Těmto bytostem jsme připomínali, jak se z těl vyvázat, ale také jak se opět navázat, pokud by se chtěly navrátit do hmoty. Jemnohmotná těla mohla být pomocí speciální technologie ve Vnitřní Zemi uchována, zatímco vědomí se částečně inkarnovalo do hmoty.

S pomocí původních, světelných obyvatel jsme si my Labuťané nad Vnitřní Zemí dokázali vybudovat nádhernou říši podobnou naší planetě a Zemi. S povrchem jsme částečně zůstávali ve styku i poté, co na něm propukly války a přírodní katastrofy. Často jsme zachraňovali dokonce i ty, kteří nás dříve využívali, ale časem jsme se naučili nedůvěřovat všem.

Poté, co naši milovaní obři z Lyry zanikli v boji o záchranu teleportační stanice, povrch pro nás začal být nebezpečný. Některé části podzemních říší, které sloužily jako průchody do Vnitřní Země, byly rovněž dobyty různými vesmírnými nájezdníky, a tak jsme se raději od povrchu distancovali. Už jsme vycházeli pouze v utajení a kvůli blízkým bytostem, které tam z různých důvodů zůstaly. Povrchový svět a současný matrix byl pro některé stále lákavou výzvou. Vše tam bylo intenzivnější a prožitky silnější než v jemnohmotném bytí.

Já se na povrch vracela jako převaděč elfích duší i z lásky k bližním, kteří tam vědomě či nevědomě prodlévali. Některé duše jsem sledovala po mnoho inkarnací a občas i marně lákala do lepšího světa.

SVATÝ PROKOP A PRADÁVNÉ PORTÁLY V KRAJINĚ

Propojení tří realit, tedy původní, jemnohmotné a hmotné, se mi začalo lépe zvědomovat od roku 2020. Tehdy jsem se totiž začala ocitat na místech, která byla propojena s mými pradávnými inkarnacemi. Mělo to spojitost i se svatým Prokopem a naší spoluprací.

Svatý Prokop je záhadnou postavou českých dějin. Původně žil v divočině, ale později se stal kněžím a působil v Sázavském kláštěře. Vazbu má i ke klášteru svatého Kiliána na Ostrově u Davle, a sice na místě, kde se pod vodní hladinou nachází další pradávný a již nefunkční labuťanský portál. Můj manžel mě upozornil na to, že se svatý Prokop v mnoha ohledech podobá jedné islandské historické osobnosti zvané Sæmundr fróði (Sæmundr moudrý). Sæmundr byl dříve považován za toho, kdo seskupil písně *Poetické Eddy*, ale v současnosti se častěji tvrdí, že to byl někdo jiný. Asi na tom příliš nezáleží, protože ty písně jsou stejně anonymní.

V čem však Prokop Gunnarovi připomněl Sæmundra? Nejenže oba žili jako poustevníci a byli spojování s křesťanstvím, ale především si podle legend ochočili ďábla a zaměstnávali ho. Zatímco Prokop zapřahoval ďábla do pluhu, Sæmundr ho přesvědčil, aby se proměnil v loď a přeplavil ho do střední Evropy, kde se posléze vzdělával. Je tedy možné, že se učil od následovníků svatého Prokopa, ale asi ne od něho samotného, jelikož Sæmundr se narodil tři roky po Prokopově smrti. Hana Sar došla s pomocí svých kolegů k závěru, že Sæmundr byl skutečně jedním z následovníků Prokopova učení.

Zkušený poutník Prokop respektoval zákony krajiny a dobře věděl o pradávných portálech do paralelních světů. Ne všechny vedly do pozitivních říší a k pozitivním bytostem. Část podzemí neboli podsvětí byla již okupována nízkovibračními bytostmi, ale také různými přízraky

a přírodními démony. Tyto prostory navíc přitahovaly temné mágy, kteří s těmito entitami spolupracovali. Prokop uměl zlé síly krotit a zaháněl je zpátky do podsvětí pomocí své magické píšťaly, protože vysoké zvuky takovéto entity odpuzují. Krajina u města Stříbrná Skalice byla pro mnohé zajímavá díky zlatu a stříbru. Jak jsem později zjistila, Labuťané projevovali větší zájem o stříbro, zatímco ti, kteří se před lidmi vydávali za bohy, si cenili spíše zlata. Oblast byla bohatá na oba kovy, ale bohatší na stříbro, a tedy byla více spojena s Labuťany.

Prokop v krajině u Stříbrné Skalice zavíral mnohé portály do podsvětí, avšak uzavřel pro jistotu i ty vedoucí do Vnitřní Země. Proto jsem k němu tehdy přišla. Mým posláním bylo mu sdělit, že pod zemským povrchem nesídlí pouze temné entity, ale i náš elfí rod ze souhvězdí Labutě, který ochraňuje jádro Vnitřní Země. Velmi trefně popsali naši spolupráci průvodci spřízněné Labuťanky Ivy, kolegyně Hany Sar, kteří nám sdělili, že mezi námi nebylo pouto lásky ani přátelství, spíše dohoda o vzájemném respektu a spolupráci. Každý z nás totiž byl z jiného světa a já tehdy fungovala jako převodník a zachránce elfích a jiných jemnohmotných bytostí inkarnovaných ve hmotě. Byla jsem pro ně spojnicí mezi elfí říší nad krystalickou Vnitřní Zemí a původní realitou. Na povrch zemský jsem přecházela v jemnohmotné formě ze skal, jeskyní či jiných průchodů. Ty vedly oklikou mimo podzemní prostory, které již tehdy byly okupovány znepřátelenými kmeny. Můj lid na povrchu nikdy nepobýval dlouho, protože jsme v minulosti byli často pronásledováni.

Před asi dvaceti lety, než jsem se touto tematikou začala hlouběji zabývat, jsem měla velmi živý sen o dávné době, kdy jsem byla součástí skupiny asi padesáti lidí z paralelního světa, která utíkala před nějakými vesmírnými nájezdníky. Ukryli jsme se v jednom skalním domě nad prastarým a magicky uzamčeným tunelem vedoucím do Vnitřní Země. Věděli jsme, že nás naši nepřátelé brzy dostihnou a unikneme jim pouze, pokud se nám podaří tunel odemknout. Naši rodiče a prarodiče zahynuli v bitvě s těmito záhadnými nepřáteli a pouze ti nejmladší tenkrát přežili, ale nakonec i nás v dospělosti dostihli. Měli jsme s sebou jakési bílé koule,

které byly klíčem do Vnitřní Země, avšak musely být něčím aktivovány. Teprve až když se nám podařilo plně procítit sílu lásky mezi všemi dotyčnými, začaly se koule otevírat a vylétli z nich okřídlení skřítci, kteří věděli, jak průchod do Vnitřní Země otevřít.

Dodnes mívám sny o tom, jak zachraňuji pozemšťany před světovou potopou, ať už mořskou, či tou způsobenou slaným deštěm. Jednou jsem je převáděla do Vnitřní Země přes obrovská skalní města, která byla chráněna jakousi magickou mlhou. Magická mlha často figuruje v irských bájích a legendách jako přestup mezi tímto světem a paralelní říší elfů a víl.

VRSTVY POD ZEMSKÝM POVRCHEM

Když jsem jednou během svého putování mezi světy propátrávala civilizace pod povrchem zemským, začala jsem vnímat jednotlivé vrstvy podle minerálů a vibrací. První vrstva je červenohnědá a její prostory se mi zdají hustě obydlené různými mimozemskými i pradávnými pozemskými rasami, které mi však připadají vibračně podobné těm na povrchu. Někteří jsou tam přímo nepřátelští, jiní pouze odtažití a nedůvěřiví.

Vrstva pod tou zemitou je více krystalická, vysokovibrační, bílomodrá a vnímám v ní města technologicky velmi vyspělé kultury. Domnívám se, že to jsou oni novodobí Labuťané, kteří střeží krystalické jádro planety. Třetí vrstva je ametystová, dle mých současných průzkumů neobydlená, a právě pod tou se nachází svět ohně neboli Muspelheim ze severské mytologie a to, co nyní nazýváme žhavým jádrem. Podle některých současných teorií přispívají jisté geologické procesy, například změny teploty a tlaku, k tvorbě krystalických struktur v jádru planety. A právě v nejhlubších hlubinách Vnitřní Země navštěvuji krystalickou kapsli, v níž se nachází přenádherná říše...

KRYSTALICKÁ VNITŘNÍ ZEMĚ

Krystalická Vnitřní Země byla vždy převodní stanicí mezi jemnohmotnou a původní realitou. Ve vnější i nejniternější Vnitřní Zemi stále pobývají elfí rody, původní světelné i krystalické bytosti, různorodí ptáci, jednorožci, draci a jiná mytická zvířata. Jsou tam také pohyblivé stromy a rostliny, ale i bytosti napůl humanoidní a stromové či napůl humanoidní a zvířecí. Nachází se tam brány do jiných prostorů jemnohmotného vesmíru i do původní reality.

Dříve tyto brány mezi světy byly přístupny i na zemském povrchu, ale většina z nich byla uzavřena právě za dob svatého Prokopa, tedy během raného středověku. Tehdy už se totiž lidé začali více bát podsvětí a měli k tomu pádný důvod. Ne všichni obyvatelé podzemních říší jsou pro lidstvo podpůrní a někteří jsou doslova nebezpeční. Vlivem křesťanství se podsvětní entity začaly krotit, což bylo velmi dobře, a symbol kříže je stále odpuzuje. Ze strachu se však následně démonizovaly všechny podzemní prostory a pozornost lidí se upínala k opačnému konci spojené tyče, k nebi. Z podzemních prostor se postupem času stalo peklo a na labuťanské předky, elfí rody a krystalickou Vnitřní Zemi se zapomnělo.

Nejstarší přírodní kultury tohoto světa však dobře věděly, že zemské nitro je, podobně jako to naše, portálem do původní reality. Proto bylo střeženo odpudivým podsvětím, kterým duše po smrti někdy procházela jako očistcem, než dorazila do ráje ve Vnitřní Zemi. Až později byly duše směrovány k nebesům. Tam však byl jiný a pro mnohé zapeklitější očistec. Právě nad planetou, v prostoru mezi jemnohmotným vesmírem a původní realitou, se totiž nachází ona zóna, kde se duše mohou vlákat do nevědomých inkarnací zpátky na hmotnou planetu. Tím se budeme více zabývat v následující kapitole.

Jak mi však sdělil jeden z mých spirituálních mentorů, Vojtěch Jasný, moudré duše toto místo přeskočí, a já předpokládám, že většina čtenářů této knihy jsou moudří lidé. Není to tedy třeba rozebírat a probouzet v někom zbytečný strach či pochybnosti o sobě samém. Všichni v jádru víme, odkud pocházíme, a nikdo nad námi nemá větší moc než my sami. Pomocí vůle přes svůj zdroj projdeme kamkoliv, ať už na jinou planetu jemnohmotného vesmíru, do domovských světů původní reality, nebo přímo do Zdroje absolutna.

MATRIX, ASTRÁL, REINKARNACE A PŮVODNÍ REALITA

MATRIX V IRSKÝCH A SEVERSKÝCH MÝTECH

Severské i irské písně nám sdělují informace o jakémsi zrádném hadovi, který nastavil nový věk pro vývoj planety Země a dalo by se říci tyranský řád pro její hmotné obyvatele, který nebyl původní. V *Písni vědmy* z *Poetické Eddy* (přibližně 10. stol, Island) se vypráví o Jörmungandrovi, vlčímu hadovi, který po pádu bohů zvaném Ragnaroku obklíčil Midgard, tedy planetu Zemi:

Ásové se opět schází na své pláni
a diskutují o Jörmungandrovi,
hadovi, jenž Midgard obkroužil.
Pamatují na dávné činy své
a tradice bohů prastaré.

V irské písni *Cesta Brana* ze 7. století je zase uvedeno následující:

Zlý byl to den, kdy had přišel
k otci svému, k otci toho města.
Převrátil v tomto světě časové linky,
začalo docházet k rozkladu, jenž nebyl původní.

Co se tedy vlastně stalo? Písně irské i severské tvrdí, že v onom Jiném světě neexistuje bolest, nemoc ani smrt a hmota měla být jeho odrazem. Inkarnovat jsme se měli vědomě, tělo opouštět také vědomě a neměli jsme ztrácet kontakt se Zdrojem a původní realitou. Tímto „hadím obkroužením" však byla nastavena nová pravidla hry, tedy jiný a do současnosti trvající matrix. I z tohoto důvodu v této knize zdůrazňuji „současný matrix", jelikož není původním matrixem.

Pojďme se však nejdříve podívat na to, jak různorodě je slovo matrix vnímáno. V běžné řeči může matrix znamenat „prostor pro komunikaci v daném čase". V geologii se toto slovo používá pro název výplně mezi „menšími a většími zrny". V biologii je zase matrix výrazem pro hmotu, která tvoří základ pojivové tkáně, jakými jsou chrupavka nebo kost. Matrix je také „půda vhodná pro vývoj", ale od devadesátých let, kdy byl uveden film *Matrix*, se to slovo začalo spojovat právě se simulací či kopií původní reality.

Osobně matrix vnímám jako „matérií uzamčenou v čase". Matérie a matrix mají stejný základ a „mat" se nachází například i ve slovech matka, matrona, matematika, matrice, matrika, maturita, ... V angličtině je matérie „matter" a koncovka „er" značí výraz pro zaváhání. Připomíná však i slovo „err", které znamená „chybu", něco „nesprávného" či „zlého". Ve slovu „matter" (matérie) se tudíž může skrývat ono chybné a nesprávné převrácení původního záměru pro hmotný svět.

Slovo matrix je tedy neutrálního charakteru a nastavení „matérie uzamčené v čase" může být přívětivé i nepřívětivé. To současné uzamčení je velmi energeticky zahuštěné a dualita se v něm projevuje extrémně vyhroceně. Dualita je nejen ve významu slov matrix a matérie, ale je patrná i u symboliky hada. Když svět upnul pozornost pouze na zrádného hada, začal zapomínat na druhého hada, a sice onoho podpůrného a ozdravného, který je zdrojem poznání a osvícení. Tento had pomohl Buddhovi pochopit svět iluzí a Evě nabídl poznání pravdy skryté v symbolu jablka. Asi nebude náhoda ani to, že v irských písních se hrdinům nabízí před vstupem do Jiného světa právě jablko…

V průběhu historie byli tito dva hadi záměrně zaměňováni a měli jsme si je plést, abychom se sami navzájem pletli. Zajímavé však je, že v symbolu osvícení zvaném caduceus jsou oba hadi spleteni kolem hole, která reprezentuje propojení s původním záměrem Stromu světa. Křídla na vrcholku hole zase připomínají svobodu duše. Caduceus tedy skrývá poznání obou hadů a jejich tendencí a vlivů v tomto duálním světě. Často pomocí synchronicit promlouvá k nám, hledačům. Nabádá nás k uchopením své vlastní magické hole a moci, jež nás může osvobodit od extrémních dualit současného matrixu a dodat nám ona symbolická křídla.

Poznámka k zamyšlení: Mohl by onen vlčí had potenciálně představovat Měsíc? Měsíc přece „obkružuje" či „obkličuje" Zemi. Otáčí se kolem ní a ovlivňuje vodstva, měsíční cykly i nálady. A proč vlci vyjí na měsíc? Tato myšlenka by mohla souznít s teorií Davida Icka, který se domnívá, že síť matrixu se nachází mezi Saturnem a Měsícem. Nicméně toto téma zatím není mou doménou, takže pro ty z vás, které to zajímá, doporučuji jeho knihy.

STARÁ GNÓZE

Většině z nás přijde v dětství nepochopitelný koncept smrti. Jelikož přicházíme ze světů, kde jsme nesmrtelní, přijde nám nereálná, jako kdyby se nás vůbec netýkala. Jsem vděčná své mamince, že mě od malička vedla k víře v posmrtný život. Díky tomu jsem si dokázala lépe vysvětlit, proč slyším či vidím éterické, a tedy pro mnohé neviditelné bytosti.

Někteří říkají, že traumatické situace mohou aktivovat a zesílit jasnozřivé schopnosti. Já to mohu pouze potvrdit. Po jedné traumatické události v dospívání jsem poznala temnou stránku jasnozřivosti a po té další v dospělosti se plně aktivovaly mé mimosmyslové schopnosti. Hlubší propojení s původní realitou jsem zažila poté, co zemřela žena mému srdci velmi blízká, jíž jsme v rodině říkali Drahouš. Po jejím náhlém a tragickém odchodu jsem začala v mysli slyšet její hlas. Bylo to v době, kdy jsem se již věnovala mimosmyslovému vnímání, a tudíž mě to tolik nepřekvapilo. Výroky Drahouše mě však často zarazily. Zvláště když mi jednou řekla: „Jsem už za mřížkou." A jindy zase: „Je to jinak. To my jsme živí a vy spící…" A na to téma ještě dodala: „Vše je naopak. Jde se zevnitř ven, nikoliv někam dolů či nahoru. Toto je pouze projekce. Pravá realita je za projektorem. To my jsme v původním světě, vy jste ti

spící v iluzi. Jde se zevnitř ven. Ke zdroji musíš jít přes projektor. A projektor je v tobě samé a v centru samotného bytí."

Zpočátku jsem nechápala, ale brzy na to jsem začínala mít zvláštní stavy vědomí, kdy mi okolní svět připadal nestabilní, materiální objekty se začaly vlnit a já často splynula s okolním světem, jako kdybych tam vůbec nebyla. Asi bych měla podotknout, že jsem nebyla pod vlivem drog či léků. Vše kulminovalo, když jsem ve stavech nouze začala slyšet uklidňující, přátelský a pocitově otcovský hlas. Tuším, že už tehdy to byl jeden z mých novějších průvodců, spolutvůrce elfích a vílích říší, Zelený muž. Jedny z prvních vět, které mi sdělil, byly následující: „Tento svět není původní. Myslíš, že bychom vás nechali ničit Matku Zemi? Je to pouze alternativní verze nesmrtelné a nekonečné reality."

Sdílela jsem to s manželem a ten poznamenal, že ten vzkaz zní gnosticky. Dala jsem mu za pravdu. Gnóze, v překladu z řečtiny doslova „vědění", je shrnutí mnoha prastarých ideologií raného křesťanství. Ve zkratce se jedná o poznání svého původního já mimo současná omezení a prohlédnutí dočasné iluze hmoty a času. V buddhismu se to nazývá mája. Zjednodušeně bychom mohli říci, že staří gnostici považovali stvořitele hmoty, jejich slovníkem demiurga, za někoho, kdo zkopíroval původní (a následně asi jemnohmotnou) realitu do hmoty. Prvotní záměr byl dobrý, ale časem se to zvrtlo do současného a nepříliš podpůrného nastavení.

Ti, kteří se nyní snaží duše udržovat v zapomnění, se gnostickým slovníkem nazývají archonti. Podle mého názoru jsou to temní mágové, kteří nás dokáží ovládat pouze když odevzdáme vlastní moc. Nikdo a nic totiž nemůže mít větší moc nad námi samotnými než my sami. Někdy působí na duše i po smrti a snaží se je vlákat do další nedobrovolné inkarnace mimo Zdroj a původní realitu. Cesta z iluze nevede vnějším světem ani světlem, ale naším vnitřním zdrojem. Přejít za projektor iluze znamená vystoupit z omezení současného matrixu.

Nuah, labuťanský bojovník za práva lidí, mi k současnému matrixu

sdělil následující: „Váš matrix je ohraničen přísně limitovaným časem a částečně ovladatelným prostorem. Je svou vlastní vyhraněnou mezi-realitou." Zajímalo mě, zda mu podléhají i zvířata i rostliny? Nuah řekl: „Ano, ale lépe se jim z něho vystupuje. Nepodléhají totiž manipulacím mocností, které přesně kopírují systém vašeho současného matrixu, a tak si během inkarnace nezvykají na ovládání a podmanění vědomí."

Poté jsem zmínila archonty. Zajímalo mě, zdali jsou pro něho hrozbou. Ta otázka ho rozesmála. „Nemohou mě zastrašit. Nemohou ovlivnit nikoho z nás, pokud o nich víme a počítáme s jejich občasnými a vlastně předvídatelnými a směšnými nástrahami. Někdy stačí se jim vysmát, jindy je lepší rázné ne. Musí respektovat svobodnou vůli každé duše. Tak je to nastaveno."

ASTRÁL

Vychýlená zóna, odkud se operuje současný matrix je také nazývána „nižším astrálem". Pojem „astrál" je však zapotřebí rozebrat hlouběji. Je to vlastně termín zavádějící, protože ho lidé používají různě. Když jsem se na astrál zeptala Zeleného muže, odpověděl otázkou: „Co astrál znamená pro tebe a co pro jiné? Někteří z vás pod tím vidí vše za oponou vašeho světa, jiní pouze část původní reality. Ujasni si nejdříve pojmy a poté se o tom můžeme bavit."

Pravda je, že my lidé někdy máme tendence jisté výrazy opakovat a používat, aniž bychom se pídili po jejich původním významu. Abych si tedy ujasnila pojmy, reagovala jsem rešerší. Ve slovníku najdeme toto vysvětlení: „Astrál" pochází z latinského slova „astralis", odvozeného od výrazu „astrum" neboli „hvězda". Ve starořečtině slovo „ástron" také znamená hvězda. Slovo „astrál" se používá od sedmnáctého století, ale idea, že astrál je posmrtnou sférou byla představena, ostatně jako mnoho

současných ezoterních výrazů, Teosofickou společností na přelomu 19. a 20. století. Je třeba si však uvědomit, že nejvlivnější spirituální kruhy byly zevnitř také ovlivněny současným matrixem. Jeho strážci nás záměrně pletou i tam, kde hledáme svobodu…

Autorky zabývající se astrálem - Isabella Green a Barbara Ann Brennan - se shodují v tom, že existuje nižší a vyšší astrální sféra. Jsou to posmrtná místa různých vibrací, které obklopují hmotnou planetu. Nižší astrál by se dal popsat jako separátní říše mezi jemnohmotnou a původní realitou, kde duše může zažívat různé halucinace a potkávat strašidelné přízraky, než si uvědomí, kam patří a kým skutečně je. Většinou se tam tedy zdržují ztracené či doslova zatracené duše, které něco poutá k jejich předešlé existenci, nebo ze strachu nechtějí přejít do jiných světů. V severské mytologii je tato realita známá jako říše chladu, mlhy a stínu zvaná Níflheimr, Níflhel či Hel. Později se z toho stalo hell - peklo.

Vyšší astrál má podle Barbary Ann Brennan mnoho paralelních říší a různé podoby dle náboženského přesvědčení či osobní víry duše. Kdo tedy věří v křesťanské nebe, půjde nejspíše do říše odpovídající těmto představám, a kdo věří v reinkarnaci, může přejít hned zpátky do hmotného těla, anebo si na inkarnaci počkat v nějakém meziprostoru. V původní realitě se tvoří nespočetně mnoho světů, nebí i pekel.

MOST MEZI SVĚTY

Autorka Barbara Ann Brennan radí vytvořit si již za života most mezi hmotnou a původní realitou, abychom se vyhnuli nástrahám nižšího astrálu, podsvětí neboli posmrtné zóně současného matrixu. Autorka knihy *Opouštění pasti* (orig. Leaving the Trap) Isabella Green radí podobný postup jako Barbara Ann Brennan. Ve zmíněné knize popisuje, jak přes Zdroj, který nazývá „prázdnotou" (orig. void), můžeme své vědomí přesunout kamkoliv chceme, tedy i do různých paralelních říší a realit.

Tyto dvě autorky se ve svých názorech shodují také s autorem a badatelem Davidem Ickem, který v knihách *Trap* (Past) a *Dream* (Sen) varuje před nízkovibrační zónou kolem planety, kde mohou archonti přesvědčit zbloudilé duše o tom, že si musí odžít karmu, ať už pozitivní či negativní. Někdy prý tyto zbloudilé duše manipulují také tím, že na sebe vezmou podobu zesnulé blízké osoby. Před takovými záludnostmi varuje kromě Davida Icka více mysticky orientovaných autorů včetně Alexe Colliera, jenž nám mimo jiné radí, že pokud po smrti zabloudíme, nemusíme jít pouze vpřed do světelného tunelu, ale můžeme se rozhlédnout a zjistit, kolik jiných prostupů a bran máme vlastně k dispozici.

Během jedné hluboké meditace jsem nazřela prazvláštní zónu současného matrixu za hmotnou realitou. Šlo o místo, kde jisté nízkovibrační mimozemské bytosti naváděly duše do nové a většinou zbytečné reinkarnace. Ve své podstatě takto recyklovaly duše. Zdá se však, že do toho mohou naverbovat pouze ty duše, které věří, že musí něco napravit, či ještě něco prožít. Takové duše se většinou dobrovolně vzdají své vlastní vnitřní autority a moci. V tomto ani v posmrtném světě však nikdo nesmí porušit zákon svobodné vůle. Tudíž asertivita a rázné

odmítnutí znamená přímý výstup z manipulace jakéhokoliv druhu. S archonty by se mělo zacházet stejně jako s toxickými lidmi. Vládu nad námi ztratí v momentě, kdy nás nemají na co „zaháčkovat".

Jiná věc je, když si někdo svobodně touží ve hmotě něco odžít, či napravit zlé skutky. I to se ovšem dá pojmout mnohem smysluplněji než vstoupit do nějaké traumatické inkarnace. Pokud jsme například nechtěně zavinili předčasné úmrtí tří bytostí, nemusíme sami třikrát zemřít. Tím vlastně jen umocňujeme onen začarovaný kruh odplaty neboli „oko za oko". Místo toho můžeme situaci obrátit v dobrý skutek, například zachránit nějaké tři bytosti před zkázou jakýmkoliv způsobem a z jakékoliv reality, třeba i tím, že se na čas staneme jejich strážnými anděly. V tomto ohledu to mají snadnější zvířata, která nepodléhají falešným vírám a pocitům viny jako my lidé. Také bytosti z jemnohmotných realit to mají jednodušší. Nepůsobí na ně totiž omezení a manipulace současného matrixu a jsou během svého života propojeny se Zdrojem a původní realitou.

Na nízkovibrační posmrtnou zónu kolem planety jsem se zeptala Vojtěcha Jasného, s jehož duší zůstávám i po jeho fyzické smrti v kontaktu. Vojtěch byl vizionářský režisér a v posledních letech svého života už točil pouze duchovně laděné filmy. O posmrtných světech mluvil jako o něčem naprosto samozřejmém a tím mě od útlého mládí velmi inspiroval. K tématu bludného kruhu nedobrovolné inkarnace a nástrahám archontů v posmrtné zóně mi řekl toto:

„Zkušení se tomu místu vyhnou a přeskočí ho. Víme přesně, kam jít. Zvířata také velmi dobře vědí kudy kam, proto jsou nám i po smrti dobrými průvodci. Řídí se instinkty a srdcem. Srdce nikdy neoklameš."

Pochopila jsem, co se mi tím snažil říct. I když se nás archonti mohou pokusit ošálit tím, že na sebe vezmou podobu milované bytosti, v srdci vždy poznáme, zda je to skutečně náš blízký. Zeptala jsem se ho také, zda ví o někom, kdo by se inkarnoval nedobrovolně, a on odvětil toto:

„Pouze duše příliš vázané k současnému matrixu. Dbej na spirituální

rozhled a svobodu. A vzpomeň si na to, co jsem tě učil: Pokud chceš umělecky zachytit strom, musíš se jím stát. Jde o poznávání různých úhlů pohledu. Proto tvůrčí duše vstupují do hmotné reality, aby pochopily a předaly jiskru tvoření Ducha."

A následně dodal: „Studuj vrstvy. Svět v původní realitě existuje ve vrstvách, nikoliv v ohraničeném prostoru a čase."

VĚDOMÁ INKARNACE

Inkarnace by měla být svobodným rozhodnutím, nikoliv pouze důsledkem něčí manipulace. Uvědomit si limitace současného matrixu již během života a počítat s jeho možnými nástrahami i po smrti je dle mého názoru zásadní pro svobodné rozhodování ve hmotném i posmrtném životě.

Jednou jsem zažila svobodnou volbu reinkarnace v přímém přenosu. Bylo to poté, co jeden z našich kocourků, Thor, předčasně zemřel a chtěl se hned vrátit zpátky k nám. Jeho duše mi telepaticky sdělila, že přijde kolem podzimní rovnodennosti, tedy dvacátého či dvacátého prvního září, a máme ho čekat ve tři hodiny odpoledne. Prý nám ho někdo předá jako dar a bude nalezen v „domě korálků".

Thor se k nám skutečně vrátil dvacátého prvního září a přesně rok poté, co opustil svou předchozí inkarnaci. Právě když jsem si toho dne přesně ve tři hodiny zoufala, že tu ještě není, přišla mi zpráva od naší sousedky. V její práci se nalezlo kotě a ptala se, zda o něj máme zájem. Firma, kde se Thor objevil, se jmenuje Avantor (anagram avatar a Thor?) a mimo jiné se ta společnost zabývá výrobou skleněných korálků. Výraz „dům korálků" tedy najednou začal dávat větší smysl. Thor nám byl, jak sám řekl, předán darem. Jeho oči, pohled i povahové rysy zůstávají stejné, i když je nyní kočkou jménem Thora. Potvrdil nám, že oko vskutku je do

duše okno a vědomá inkarnace je nejen možná, ale velmi mocná. Jedna specialistka na telepatickou komunikaci se zvířaty, Brent Atwater, tvrdí, že pokud se k nám naši zvířecí přátelé chtějí vrátit, pošlou nám velmi přesný vzkaz kde, kdy a za jakých podmínek přijdou. Já to nyní mohu pouze potvrdit.

Jednou, když jsem si lámala hlavu nad tím, jak to je s tou zapeklitou posmrtnou zónou současného matrixu, Thora ke mně přišla a pohlédla mi zhluboka do očí. Tušila jsem, že mi k tomu něco chce říct, tak jsem ji požádala o názor a ona spustila:

„V jistých posmrtných zónách působí bytosti, které si s dušemi rády pohrávají. Duše však vždy zvítězí nad jejich lstí. Otázkou je jen, jak dlouho někdo může být polapen v jejich lsti. V naší realitě mimo čas a prostor se tím nemusíme zabývat, nejsou tam tak vyhraněné a nízkovibrační bytosti jako tady. Všichni jsme tam svobodní a mocní, tudíž jejich lsti by nám přišly směšné. Já jsem přišla z reality za omezeným časem a musela jsem přejít tři různé systémy. Některé jsem rovnou přeskočila a potom jsem si z jiného místa zvolila místo a bod na vaší časové lince. Byla jsem vám u toho neustále na blízku. Potřebovali jste mě a já vyslyšela vaše volání, tak jsem přišla z vašeho pohledu rychle a z mého ještě rychleji.

Z původní reality se inkarnuje velmi snadno, protože odsud do hmoty vstupuješ pouze s láskyplným záměrem, tedy nejsi ničím a nikým filtrována ani blokována. Použiješ pouze systém časových linek a rovnou vklouzneš do těla hmotné reality. Zařídila jsem také to, kde a kdy mě najdete. Však o tom jsem tě také informovala. Tam ubíhá čas rychleji. Co mně přišlo jako hodina, byl pro tebe celý rok.

Jak jsem ti však řekla již mnohokrát, při inkarnaci do různých realit a říší je vždy klíčem skupina duší. Rodina duší se ráda rodí společně, ať už prožíváme jakékoliv příběhy v jakýchkoliv světech. Neboj se, vždy budeme pospolu. Láska propojuje duše ve všech realitách a říších.“

MEZIPROSTOR

Existuje také jistý meziprostor, kde se bytosti ocitají u přechodu z posmrtné říše současného matrixu do původní reality. Jsou tam duše, které odmítly manipulaci archontů, ale zároveň ještě nechtějí přejít do svých paralelních domovů, protože se cítí býti něčím stahovány zpátky do hmoty. Může se jednat o nevyřešené záležitosti, nesplněné sny i pocity viny. Krásně to popsala kniha, podle níž byl natočen stejnojmenný film *Pevné pouto* (orig. Lovely Bones) od Alice Sebold.

V duchovních kruzích je známo, že duše, které jsou citově závislé na hmotě, na majetku či na nějaké osobě, mohou v tomto meziprostoru záměrně prodlévat. Často se tomu stane z lásky. Mohou například takto čekat na svou milovanou bytost, aby přešli společně. Někdy je to to nejlepší možné řešení. Jedna má oblíbená tetička měla svého zesnulého manžela vždy u sebe a v současnosti znám dvě ženy, které prochází životem se svými zesnulými muži a jsou si vědomy toho, že jednou opustí tento svět spolu. Pokud jsme našli spřízněnou duši, je logické, že chceme přejít na onen svět spolu. Zvláště, když si nepamatujeme, že tam společně již paralelně jsme. Každý má však svůj čas.

Ve chvíli, kdy toto zapisuji, ke mně přichází můj moudrý kocour, jemuž v této inkarnaci říkáme Merlin a sděluje následující:

„Zvířatům se přestupuje mezi realitami velmi snadno a nízkovibrační říše prostě přeskočí, jelikož nepodléhají extrémním emočním výkyvům, manipulaci a dogmatům tak, jako vy lidé. Při přechodu vám můžeme pomoci a často to i děláme.

Většina kočkoobrů působí v původní realitě. Tam jsi paralelně také s námi. Jsme totiž propojeni s rodem křišťálových elfů, který je spřízněn s Labuťany a Vnitrozemci. Můžeš tam ovšem být proměnlivá, tudíž můžeš být i kočkoobrem. Jsme součástí jedné rodiny duší. Sdílíme společné říše,

ale obýváme i své vlastní. Tam jsou domovy celé světy…

Je to velmi svobodné, nádherné bytí. Světy, které si vytváříme, jsou prodchnuty naší duší. Jsi tam částečně jednou formou, více formami, ale také svým prostředím, tedy svými stromy, kameny, architekturou... Můžeš však do těchto prostorů pozvat své blízké duše a ty si tam také mohou propůjčit jakoukoliv formu. Můžeme tam být čímkoliv, a přece zůstáváme sami sebou."

PROJEV ČASU MIMO SOUČASNÝ MATRIX

Často se zamýšlím nad tím, jak čas funguje v původní realitě. Nepřipadá mi, že by tam neexistoval, spíše tam existuje jinak. Je tvárný, tedy nikoliv lineární. Z původní reality se můžeme podívat kamkoliv do historie a někdy i do budoucnosti. Když se však průvodců z tamních světů ptám na budoucnost, opakovaně mi sdělují, že mohu zachytit pouze blízkou a již kolektivně určenou budoucnost, jelikož je mnoho možností a spletitých časových linek, z kterých můžeme za svého života dokonce i přeskakovat. Mnohdy se do poslední chvíle neví, jakou cestu a časovou linku si náš svět či my sami zvolíme.

V původní realitě se s časem pracuje podobně kreativně jako s hmotou. Můžeme si tam vytvořit jakési časové kapsle, které uchovávají okamžiky nám blízké. Je to podobné jako zachycení momentu na fotografii nebo filmu, jen se tam vše prožívá více naplno a nějakou důležitou situaci či moment si můžeme kdykoliv zopakovat, jakmile do té kapsle opět vstoupíme.

Existují tam i časové smyčky, které se tvoří ne vždy záměrně. Duše trpící nějakou silnou emocí, traumatem nebo dogmatickým přesvědčením si mohou jisté situace zasmyčkovat a potom nezbývá, než je rozplést. Jeden z mých průvodců mi jednou sdělil, že současný matrix

nás svým způsobem zasmyčkoval v opakujících se tématech, jakými jsou například války, spory a jiné záměrné rozdělování společnosti. Pokud však tu hru prokoukneme, přestane na nás působit.

Když jsem se zamýšlela nad tím, jak prožívají čas bytosti v elfí říši, vyvstala mi na mysli písnička *Changes*, v níž David Bowie zpívá: „Čas může měnit mě, ale já nemohu měnit čas." Zelený muž mi k tomu přišel sdělit následující: „Tady je to naopak. Čas tě nemůže měnit, avšak ty můžeš měnit čas."

Není to osvobozující? Čas nejvíce bolí, když prožíváme smrt blízké bytosti nebo jakoukoliv bolestnou ztrátu. Žití v ohraničeném čase může být dobrodružné, ale také dost trýznivé.

Na závěr si neodpustím malou poznámku: Refrén písně Davida Bowieho *Changes* je nyní jiný, než jak si ho pamatuji. Je to asi Mandela efekt, jelikož současná verze „time may change me, but I can't trace time", („čas mě může změnit, ale já nevystopuji čas), mi připadá zvláštní.

Ptá se snad někdo, co to je Mandela efekt? Je to jeden z příkladů manipulace časových linek. Tento zvláštní jev, kdy si mnoho lidí pamatuje události a informace jinak, než jak jsou v současnosti prezentovány, byl pojmenován autorkou a paranormální výzkumnicí Fionou Broome. Použila jméno bývalého prezidenta Jihoafrické republiky a bojovníka proti rasové segregaci Nelsona Mandely, jelikož mnoho lidí je dodnes přesvědčeno o tom, že zemřel v roce 1980, ale na této časové lince zemřel v roce 2013. Příkladů Mandela efektů stále přibývá a možná objevíte i vy ten svůj. U písně Changes, česky Změny, je to až zvláštně symbolické.

SOUHRN A MÉ DEDUKCE

Když jsem začala častěji putovat do původní reality a domovských říší své duše, pochopila jsem, že někdy je těžké obejít nízkovibrační mřížku současného matrixu, která se nachází mezi Saturnem a naší planetou. Vesmír za Saturnem a v okolí Vnitřní Země už je jiný, propojený, jemnohmotný a nikdo tam neprožívá inkarnace s amnézií duše a omezeným vědomí. Jemnohmotná realita naší planety a planet i hvězd okolo je okupována těmi, kdo současný matrix nastavili a stali se jeho strážci.

Pro duše je snadnější jít zevnitř ven než naopak, tedy přes jemnohmotný vesmír nad planetou. Osobně doporučuji putovat přes vnitřní portály duše, tedy přes Zdroj, nikoliv přes astrální projekci. Slovní spojení „astrální projekce" mi vlastně nikdy nedávalo smysl. Proč bych měla vstupovat hlouběji do projekce, když se z ní chci dostat ven? Putování vnitřními portály je mi bližší.

V jemnohmotné realitě, tedy mezi původní a hmotnou, ovlivňují strážci současného matrixu svůj experiment zahuštěné hmoty tím, že vytváří kolem planety jakousi mřížku, nebo řekněme to naplno – vězení. Tato mřížka vytváří zakletý, bludný kruh a snaží se duše držet v reinkarnačních cyklech s omezeným vědomím. Někteří toto pole kolem planety nazývají samsarou či nižším astrálem. Helena Blavatsky to nazvala prstencem, který (iluzorně) nelze překročit.

Strážci matrixu jsou v podstatě temnými mágy, ale v této knize si pro ně vypůjčím gnostický název archonti. Archonti si myslí, že ovládli planetu tím, že pozměnili její hustotu, vibraci a nastavili přísné limitace pro hmotu i čas. Avšak jako se všemi toxickými osobami je třeba i s nimi přetrhnout pomyslná pouta. Živí se intenzivními emocemi, které produkujeme vlivem nízkovibračních energií. Pokud navýšíme svou vibraci, stáváme se pro ně méně přitažlivými a ztrácejí o nás zájem. Jak mi řekli moji průvodci, potom nás vnímají jako nudné, nezáživné a nechají nás být.

Archonti ve své hře preferují duše, které se nebojí hrátek s dualitou a negativitou, či naprosto popírají zlo a tím jsou pro ně snadnější kořistí. Jak se říká, „největší výhoda ďábla je to, že na něj nikdo nevěří". Pokud známe nepřítele, lépe se vyhneme jeho nástrahám. A když poznáme své skutečné já, zjistíme, že nad námi nikdy neměl ani nemůže mít moc. Naše intuice archonty a jejich hry lehce prohlédne a zkušený putovatel mezi světy pozná, když se ho snaží zmást či svést z cesty. Archonti nás mohou během putování i pronásledovat a lákat zpátky do svého matrixu. Snaží se takto ovlivňovat naše vědomí i ve spánku, zvláště když ve snech navštěvujeme původní realitu.

Pro úplné osvobození vědomí ze současného matrixu je třeba nejdříve pochopit důvod toho, proč jsme do něho vstoupili a zda byl ten vstup vůbec dobrovolný. V dnešní době se ve spirituálních kruzích považuje za důležité najít svůj vesmírný původ, avšak dle mého názoru to nestačí. Je důležité zjistit, kým jsme v původní realitě. Někteří z nás jsou právě z elfích a vílích říší…

9

PARALELNÍ ŘÍŠE PŮVODNÍ REALITY

REALITY A DIMENZE

Původní realita, kterou z našeho pohledu považujeme za posmrtnou, má mnoho paralelních světů. Tyto světy nejsou planetami rozmístěnými v prostoru a čase, ale existují ve vrstvách nekonečných možností. Čas i prostor jsou tam vnímány jako flexibilní a tvárné prostředky manifestace. Existence se v těchto světech prožívá spíše mentálním, tvůrčím způsobem a bytost se v nich může projevit jako cokoliv a v čemkoliv. Může si svobodně vytvořit formu, která odráží její vibraci a kreativitu. Někdo se preferuje ustálit v jedné formě, jiný se neustále proměňuje, podobně jako ve hmotě někdo za celý život nezmění image a jiný ji mění neustále.

V původní realitě není smrti ani zániku – vědomě se tam zhmotníme, transmutujeme či zase odhmotníme. Někdy to dokáží i bytosti v jemnohmotném vesmíru, zvláště pokud se zabývají magií a alchymií hmoty. Taková bytost na sebe může vzít podobu jiného humanoida, zvířete, rostliny, kamene nebo může splynout s horou, řekou, vzduchem

či celým okolím. To ostatně v mnoha mytologiích dělali bohové a přírodní bytosti: Například řecké dryády se měnily ve stromy, bohové na sebe běžně brali podobu zvířat a mágové se transformovali třeba i do neorganických předmětů.

V mnoha ohledech by se zde zmiňované paralelní reality daly připodobnit k dimenzím. Když jsem však začala světy rozdělovat do dimenzí, čísel a hierarchie, vnímala jsem, jak moc to mé vědomí omezovalo. Náš mozek je zvyklý oddělovat a analyzovat. Vlastně to pouze odráží ony naučené limitace vědomí, kde se něco považuje za nižší a vyšší či lepší a horší.

Když jsem si jednou lámala hlavu nad tím, jak jednotlivé světy pochopit, aniž bych je vnímala hierarchicky a separátně, přišel mi na pomoc Zelený muž.

„Dělení světů na čísla a hustoty je krkolomné," řekl. „Lidé v sobě mají zakódovanou víru v to, že menší a nižší je horší a větší a vyšší je lepší. V původní realitě tomu tak není, naopak to nejniternější je mnohem důležitější než to nejvíce vnější. Čím dál jsi od domova, tím spíše se ztratíš. Je to jako klasický podklad příběhů všech legendárních hrdinů: Někdo vyrazí z domova za dobrodružstvím, je konfrontován se strastmi i radostmi přicházejícími z vnějšího světa, a stejně nakonec dojde k tomu, že doma je nejlépe. I my přicházíme ze Zdroje, prožíváme různá dobrodružství, a nakonec stejně zjistíme, že ve Zdroji jsme nejšťastnější."

„Jak bys tedy charakterizoval dimenzi?"

„Jako rozsáhlejší či zúženější úhel pohledu na stejnou věc. Původní realita je neomezená, tudíž jsou tam různorodější možnosti, a tedy i více úhlů pohledu než v daném prostoru a čase. Uchovej si při rozdělování realit otevřenou mysl. Vím, těžko se vám lidem jisté věci chápou. Ve své existenci na hmotné planetě s intenzivně duálními a časově limitovanými možnostmi prožíváte dočasnou amnézii. Ona mytologická mlha oddělující hmotnou a původní realitu reprezentuje mimo jiné i ono mlžné, ohraničené vnímání. Nebyl to původní plán. Neměli jste být takto omezení a původně ani nebyli …“

Mé paralelní já, jemuž říkám Gwyndiweth, mi k tematice dimenzí sdělilo toto: „Světy existují paralelně. Pokud by se zjednodušeně řeklo, že druhá dimenze je plocha, třetí dimenze prostor v hloubce a čtvrtá dimenze čas, potom bychom mohli říci, že váš svět je pouze o ploše, hloubce a času. Je přece ale mnohem rozmanitější.“

TVORBA VLASTNÍCH SVĚTŮ

V původní realitě můžeme sdílet místa tvořená společenstvími duší, či si světy vytvoříme sami. Podobně jako z našich hmotných domovů sálá naše současné naladění a vibrace, v takovýchto světech je to mnohem intenzivnější. Pokud si svůj svět vytvoří bytost sama, vdechne mu tím svou duši. Mí přátelé z původní reality mi sdělili mi, že naše světy jsou tam skutečně odrazem naší duše, nacházíme se tam tedy ve všem, co jsme stvořili – ať už je to dům, park, les, či větší území. Pokud si do svého prostoru pozveme blízké duše, ty potom zvolí formu, která jim vyhovuje, a v té nás navštíví. Můžeme si však i nastavit i jisté formy těl, které náš svět obývají, například tam mít pouze jednorožce a draky. V kolektivně vytvořeném světě můžeme měnit sebe, nikoliv okolí. Obsah samotných světů změníme pouze v těch, které jsme si vytvořili sami, protože tam je vše naší součástí.

Pamatuji si, když nám jednou přítel naší rodiny Vojtěch Jasný vyprávěl o tom, jak ve snech navštěvuje posmrtný svět svého tatínka. Prý si tam vytvořil celé lesy a louky a bral ho často na obhlídky. Pomocí multidimenzionálních schopností si tam tedy můžeme vytvořit také nespočetné verze svých říší a domovů. Klíče k nim mají jen ty bytosti, kterým to dovolíme.

Časté rovněž je, že si tam světy tvoří skupiny duší dohromady.

Podobně jako ve hmotě někdo raději žije sám, jiný s početnou rodinou, nebo dokonce v komunitě více lidí. Jedna z mých babiček přešla rovnou do světa, který si zbudovali společně s dědečkem. Někteří z nás zase preferují skromný svět, například pouze kosmickou loď. Takovou má v původní realitě jeden z mých labuťanských přátel, a sice Nuah. Na své kosmické lodi odpočívá, zatímco jeho vědomí putuje různými časoprostory. Toto nastavení vysvětluje světy severských bohů. Každý z nich má totiž svou vlastní říši, v níž hostí duše, proto jsou asi v mytologiích nazýváni „hostitelé".

S tím, jak to asi funguje v těchto realitách, krásně pracuje kniha a podle ní natočený film *Jak přicházejí sny* od Richarda Mathesona (orig. What Dreams May Come). Postavy si tam tvoří vlastní nebe, ale někdy i pekla. Vše se odvíjí od toho, jakým způsobem ti lidé odešli z hmoty a jaké jsou jejich vibrace. Proč však někdo v původní realitě vytváří pekelné světy? Jakmile jsem si tuto otázku položila, přišla odpověď formou jiné otázky: Proč se někdo raději dívá na komedie a jiný na horory?

SVĚTY TVOŘENÉ KOLEKTIVNĚ

V původní realitě je uchováno vše, co v jemné i hrubé hmotě již zaniklo, protože se tam nacházejí všechny možnosti ve své původní a ryzí verzi. Dle toho, co mi sdělilo mé zdrojové já, tam všichni paralelně existujeme, a to i když se částečně inkarnujeme do různých časoprostorů a těl, ať už hmotných, či jemnohmotných. Proto nás často naši milovaní po smrti nenavštíví. Na „onom světě" už nás totiž dávno potkali. To „promítnuté" já prožívající jednu z inkarnací v současném matrixu o tom pouze neví. Pokud nás oni tak zvaně „zesnulí" kontaktují či se k nám vrací v nové inkarnaci, většinou to má nějaký hlubší důvod a je to nezbytné pro náš současný plán.

Ayn Cates Sullivan se mnou jednou sdílela zvláštní zážitek. Před několika lety snila mnoho nocí po sobě o tom, že se paralelně nachází v místě zvaném Mukta. Měla tam svůj dům, přátele i rodinu a viděla i potkávala tam ze svého pohledu zesnulé lidi a zvířata. Věděla i o místu, přes které se prochází inkarnovat na planetu. Prý tam mohla svobodně měnit svou podobu a někdy byla lidskou, jindy ptačí bytostí. Především ji tam zaměstnávalo studium v sousedním městě, které vnímala jako univerzitní. Když mi Ayn to místo popsala, užasla jsem. Odpovídalo totiž přesně popisu města, které také navštěvuji ve snech. Je ve stylu futuristické, viktoriánské Anglie. Vysokánské budovy z cihel zde propojují dlouhé mosty, které v některých místech dosahují i výšky několika desítek metrů nad zemí. Ivana A. měla jednou podobný sen jako Ayn. Zdálo se jí, že z hmotné reality přešla do podobného, ale paralelního a jí dobře známého světa. Uvědomila si, jak snadno se tam přechází i po tak zvané smrti, a chtěla nám to sdělit, tudíž hned zase přešla zpátky.

Některé duše preferují pobyt ve světech tvořených kolektivně. Ve hmotě by se to dalo přirovnat k tvorbě domova. Někteří si ho vyladí podle svého vkusu, jiní si raději najmou architekty a dekoratéry, tedy rádi žijí v tvorbě někoho jiného. Ve hmotě máme jistá omezení, v původní realitě však nejsou. Můžeme si vytvořit cokoliv, protože tam máme přístup k vyšší formě kreativity, tudíž naše fantazie není ničím a nikým limitována. Ve hmotě si například můžeme postavit svůj snový dům či objet celý svět, ale potřebujeme k tomu finanční prostředky a čas – tam nepotřebujeme nic než touhu a vůli.

Mnohem důležitější než reality a paralelní říše jsou ovšem rodiny duší. Pro ty z nás, kteří cítí silné pouto k nějaké bytosti či bytostem, totiž není zase tak důležité, kde jsou, ale s kým jsou. Prostory, kde se setkáváme v původní realitě, jsou sice našimi domovy, avšak nezáleží tolik na nich jako na duších, s kterými v nich pobýváme. Jak se říká: Domov je tam, kde je srdce.

ELFÍ A VÍLÍ ŘÍŠE V PŮVODNÍ REALITĚ

V původní realitě dobře víme, jak otevřít portály mezi světy, k nimž patříme. Některé vyžadují kódy, jiné jsou nám automaticky k dispozici. Záleží na našem původu, vibraci a záměru. Vše, co bylo stvořeno ve hmotě, bychom mohli vnímat jako převedené kopie či odrazy nějakého světa z této věčné reality. Tak jako všechny tamní paralelní říše má i ta elfí a vílí mnoho různých variant.

Jednu ze svých oblíbených jsem popsala v románu *The Goddess Within*. Je tam množství různorodých mytologických bytostí včetně zvířat nám neznámých, či kříženců mezi zvířaty a lidmi. Například jsou tam fauni, kteří ve hmotě kdysi také existovali. Je to místo velmi harmonické a duše, jež preferují formu zvířat, jdou právě tam. Díky příznivému počasí tam není zapotřebí příbytků, ale pokud se budují, potom silou vůle a v naprosté harmonii s tamní divokou přírodou. Tato říše je průchozí pouze těm, jejichž duše vibruje na stejné frekvenci. Nikdo jiný nemá šanci projít.

Má další oblíbená elfí říše je ta, v níž působí především éteričtí elfové vyššího i menšího vzrůstu, jejichž těla mi připadají téměř křišťálová. Podobají se původním obyvatelům ze souhvězdí Labutě, ale také tak zvaným křišťálovým lidem, které ve svých knihách popsala autorka Murry Hope.

Území těchto světelných a křišťálových elfů je převážně lesnaté a jejich obydlí jsou usazena do skal, nebo tvořena z místních éterických minerálů. Je tam také materiál připomínající sklo, ale je to cosi rostlinného a gumového. Na obloze mají několik sluncí a měsíců, které na mě působí spíše jako lampy. Vše se tam mírně blyští a světélkuje, a to včetně tamních obyvatel. Klima mají vždy příznivé a těla jsou si tam svým vlastním tepelným i ozdravným zdrojem.

Existují tam bytosti, které v Irsku lidé znali pod názvem aes sidhe a

Seveřané je nazývali álfary (elfy). Emblém tohoto lidu je osmicípá hvězda tvořená z dvou překřížených křížů, ale mají rádi také spirálovité symboly. Nadevše uznávají trojjedinost života, světla a lásky. Odpuzují je opaky této trojjedinosti, tedy zkáza, temnota a nenávist. V jemnohmotné formě kdysi žili na této planetě a posléze se stáhli do vnitřních prostor země, odkud s některými z nás stále udržují kontakt.

Elementy jsou v původní realitě světelnějšího a méně zahuštěného charakteru. Nejsilněji je tam zastoupen éter, který je někdy považován za pátý element. Zdá se mi, že je tam i šestý a sedmý element, ale v současně omezeném vědomí je nedokážu popsat ani pojmenovat. Vím jen, že jeden ovlivňuje vibrace tvarů a druhý jejich přenos. Naopak element nám známý jako oheň tam v podstatě neexistuje, protože ho nahrazuje světlo, které tam nikdy nepálí, pouze příjemně hřeje a v případě potřeby i chladí. Plavání v tamní křišťálové vodě je pro mě neskutečně revitalizující. Je to, jako kdybych v tu chvíli s vodou splynula a byla vodou i sebou samou zároveň.

A nyní předám slovo spolutvůrci jedné elfí říše, Zelenému muži, aby svůj svět popsal vlastními slovy:

„Vaše planeta původně měla být hmotným odrazem naší říše, ale nevydařilo se. Plán převzal do rukou někdo jiný, někdo z paralelního světa, kdo uvízl mezi původní a hmotnou realitou a vybočil z jemnohmotné. Byl vyhnán. Nevyslovuji jeho jméno. Byl to mocný, temný mág, ale nemá moc ovlivnit více než hmotu – původní realitu nedokáže zasáhnout, a to ho trápí. O jemnou hmotu se pokouší již dlouho. Vše je pro něj obráceně…

Proč nastal ten převrat, ptáš se? Způsobili to lidé, tedy spíše některé lidské rody, které měly a stále mají vazbu k pradávné civilizaci z jedné rudé planety. Její pád odstartoval vesmírnou válku. Netřeba to rozebírat a čeřit vody, avšak tento stav nebude trvat věčně. Jednou bude současný matrix uchován pouze jako muzeum, časová kapsle, do níž se bude vstupovat a v níž se bude zažívat dobrodružství. Zažívat, ale nikoliv prožívat – to je velký rozdíl.

Někteří z vás se sem inkarnují z původních elfích říší, jiní z jemnohmotné elfí říše nad Vnitřní Zemí, někteří dokonce z budoucí verze planety, kde již současný matrix neexistuje a hmota je opět jemná. Krutosti a válečný duch už s bytostmi na planetě nebudou rezonovat a tím pádem se jejich vliv sám vytratí jako pára. Dokud většina lidí na planetě kolaboruje se systémem současného matrixu, tedy ubližuje sobě, ostatním lidem, zvířatům i přírodě, neustále toto zacyklení v časové smyčce podporují.

Už jen tím, že se denně zabíjí lidé a na jatkách či na mořích umírají v miliardách zvířata, se tento systém nevědomě sytí. Až poté co se přestane konzumovat strach a smrt a tělo i mysl nasytí pouze to, co samo doroste, vědomí lidí na planetě přestane být živeno krutostí. Stromy vám kdysi byly rádci a zvířata průvodci. Jednou, a z našeho pohledu brzy, to vše bude jinak. Nyní se na planetu inkarnuje více elfích a vílích duší a zemský povrch opět uzdravují, i když je to pro ně velká oběť. Více neřeknu. Mohlo by to být špatně pochopeno. Elfí a vílí duše, držte při sobě, nenechte se zlákat temnými mágy, i když po vás a vaší jedinečnosti baží.“

PUTOVÁNÍ PARALELNÍMI ŘÍŠEMI A VERZEMI PRAHY

Někdy při svém vnitřním putování navštěvuji i takové říše, které na mě působí více pozemsky, ale vždy je tam bujná příroda a města jsou budována v naprosté harmonii s tamní krajinou. Říší, které jsem navštívila je mnoho a většinou ani nevím, kam je zařadit. Některá ta místa jsou zcela krystalická, například vidím obří skleněné stavby animálních a rostlinných tvarů. Jindy zase procházím nezvykle hlubokými údolími s mnoha čistými jezírky a prameny. Někdy přejdu do měst s alabastrově bílými či pouze zlatavými stavbami rozmístěnými na březích řek. Vždy tam jsou naprosto čisté vody a neobvyklá architektura. Nikde nevidím

technologii, jakou máme v současném matrixu. Ve většině míst se používá teleportace a telepatie místo komunikačních a dopravních prostředků.

Často také navštěvuji různé verze svého rodného města Prahy. Není náhoda, že název města je odvozen od slova „práh". Praha byla postavena na území pradávných prahů do paralelních světů a některé jsou stále aktivní. Jeden z mála, kdo tajemství Prahy odhalil veřejně, byl autor Gustav Meyrink, který ve své povídce *Neviditelná Praha* popsal utajenou historii města. Prý ho kdysi založilo sedm mnichů, kteří přišli ze „srdce světa" přes indické město Prayagraj, které v tamním jazyce rovněž znamená „práh". Z mé zkušenosti je těchto prahů v Praze hodně a nemálo se jejich nachází také v jejím okolí.

Když putuji do paralelních verzí Prahy, vnímám město podobně, a přece jinak. V jedné z těchto verzí jsou přímo za Pražským hradem vysoké skály, do nichž jsou vytesány sochy draků. V jiné verzi na mě Praha působí jako starší a menší město s velmi malebnými domy ve stylu architektury Gaudího, tedy s množstvím emblémů, mozaik, fresek a jiných do omítky citlivě zapracovaných ozdob. Často tam vidím keramické dlaždice s geometrickými symboly, které někdy dláždí celé ulice. Některé verze Prahy mám již tak prochozené, že znám všechna ta zákoutí a ulice. U většiny z nich je za Pražským hradem divoká příroda bez okrajových částí města.

Má nejoblíbenější verze paralelní Prahy vypadá jako výjev z antického Řecka. Nachází se tam spousta prastarých soch, pilířů a oblouků a je tam hluboké údolí vedoucí k řece a hory v dálce za městem. V tamní krajině vnímám za městem i jiná, menší města spíše středomořského charakteru. Mají různě velká náměstí, plácky a zákoutí s kašnami i posvátnými stromy. Ta města jsou propojena krásnými parky i divokou krajinou. Tamní lidé se tam věnují převážně umění, přírodní vědě a filozofii.

Některé tyto paralelní Prahy obývají společně s lidmi i elfové a víly. V některých městech původní reality vídám také bytosti s rohy typu faunů.

Nejsou však pouze mužského pohlaví a vytváří tam celé rody. Opakovaně vstupuji i do dávných dob této planety a vidím zříceniny fantaskních budov se sochami různých typů menších, ušatých, vrásčitých a velmi roztomilých humanoidů podobných skřítkům a hobům. Na těch místech mě vždy přepadne hluboký smutek. Má duše ví, že tu kdysi žili mezi námi různí elfí a vílí humanoidi, obři, mytická zvířata a míšenci těchto ras, avšak stejně jako jiné druhy živočichů byli vyhubeni či vystrnaděni. Naštěstí většina z nich našla útočiště v říších pod zemským povrchem, ale je těžké vzpomínat na dobu, kdy došlo k vychýlení od původního záměru pro hmotnou existenci. Útěchou nám ovšem může být vědomí toho, že současný matrix pouze vytváří nedokonalé kopie původních říší.

Před nastavením současného matrixu byla planeta jemnohmotnějšího charakteru a všechny vesmírné civilizace byly propojeny. Navíc jsme si všichni byli vědomi svého zdrojového já a jeho existence v původní realitě. Používali jsme všechny své přirozené schopnosti, tedy jsme se mohli teleportovat, telepaticky mezi sebou komunikovat a užívat si svých magických a alchymických schopností a talentů.

Z mnoha mytologických textů lze odvodit, že v jemnohmotném vesmíru kdysi docházelo k magickým válkám. Po těchto nepokojích bylo na čas zakázáno používat magii i alchymii, protože temní mágové díky nim dokázali přetvářet, deformovat a dočista zpitvořit bytosti i je zmanipulovat ke svým sobeckým účelům. Často si říkám, zda tady dříve neexistoval podobný svět, na který se naladil autor J.R.R. Tolkien při psaní svých knih…

Když putuji do těchto éterických míst ve snech, nejsem si jistá, zda mé podvědomí kombinuje věci zažité v průběhu historie planety s elementy z původních světů. Asi na tom příliš nezáleží, protože vše má svou předlohu v původní realitě. Jednou jsem viděla i paralelní Český Krumlov a jindy zase hrad Karlštejn, který v té realitě byl na vysoké hoře a z jeho brány vedla cesta do velmi hlubokého údolí přes zříceninu mnohem pradávnějšího hradu. Vizi takto hlubokého údolí tam mívá i

Hana Sar, která se Karlštejnem detailně zabývá již mnoho let a dobře zná jeho paralelní prostory a odkaz.

ANDĚLSKÉ SFÉRY

Při svém putování po původní realitě někdy vstupuji i do míst, kde je přístup k obsáhlejším dimenzím. Jsou převážně světelné a tvary tam nejsou tak konkrétní jako v jiných paralelních říších. Vše tam na mě působí fluidně a jaksi impresionisticky. Tamní bytosti se projevují jako shluky barev a záblesků světla. Vždy jsem si v těch světech vědoma obrovského přesahu, ale i propojení mezi různými realitami. Bytosti tam mohou nahlédnout do mikrokosmů i se rozprostřít do makrokosmů. Myslím, že do takových míst vstupují všichni, kdo tvoří jemnohmotné i původní světy.

Ve hmotě se můžeme na tuto realitu naladit při hlubokých meditacích i během vědomého propojení se svým zdrojovým a obsáhlejším já. Dle mé zkušenosti se při tom z lidského těla jaksi roztáhneme do prostoru kolem a náhle se staneme obrovitou bytostí přesahující veškeré limitace prostoru i času. Při sestupu zpátky do hmoty se postupně zmenšujeme a scvrkáváme, až se zcela ukotvíme ve fyzické schránce.

Ve stavu takto rozšířeného vědomí už nepochybuji o tom, že jsem zcela multidimenzionální a mohu se proměnit a přizpůsobit čemukoliv, pouze ne nízkým vibracím. Mnozí z nás v této realitě paralelně existují, aniž by si toho byli vědomi. Slýchávám tam také nadpozemsky krásnou hudbu, jež nedokážu nazvat jinak než jako andělskou. Z mého pohledu jsou to sféry světelných bytostí, které bych připodobnila k andělům a archandělům. Slovu arch-anděl se však vyhýbám kvůli arch-ontům (zdánlivým vládcům matrixu). Když vyslovíme „arch", mohou totiž zpozornět. I archandělům tedy říkám andělé, jelikož hier-arch-ie jim

stejně není vlastní. Nic pro ně není více či méně důležité. Mohou být všude a ve všem zároveň, jelikož existují v rozsáhlejším a jednotném vědomí přímo u Zdroje. Andělé s námi komunikují pomocí telepatie, přes zvuk, barvy a vibrace světla, ale také přes geometrické tvary a symboly, tedy základní stavební prvky stvoření.

Z andělských sfér ke mně často přichází i bytost, která se mnou tady ve hmotě strávila krásných dvanáct let života v těle psa Maxe. Když nás s manželem navštěvuje, jsou všude kolem záblesky zlatavého světla a vnímáme Maxovu přítomnost jako něco, co nás zcela přesahuje. Dalo by se to v esenci nazvat čirou, bezpodmínečnou láskou. Ač se mi Max po svém odchodu z fyzického těla zjevoval ve své paralelní podobě jednorožce, jeho zdrojové a obsáhlejší já působí právě v této světelné a vysokovibrační realitě blízko Zdroje.

VZKAZ MOUDRÉHO KOCOURA ODINA

Na paralelní světy v původní realitě se nyní zeptám svého rádce, moudrého kocoura Odina, který mi právě leží na klíně.

„Všichni existujeme paralelně v mnoha realitách," říká. „Do světů v zahuštěném časoprostoru se rád vracím za dobrodružstvím, ale také kvůli duším, které mám rád a jež zde rády působí. Tobě jsem přišel na pomoc poté, co ti zemřel Max. Byla jsi hodně smutná a zároveň již připravena vnímat informace za časovým a hmotným omezením.

V našem současném poli působení, tedy v tom, co nazýváš původní realitou, je bytí propojeno v nespočetně mnoha vrstvách. Jsou tam vrstvy, které sdílí více bytostí, ale i vrstvy soukromé, které si vytváříme. V té realitě však paralelně jsi, i když třeba právě prožíváš příběhy ve hmotě. Tam je duch, tady duše, část ducha."

„A mají to tak všichni?"

„Nevím, ale my kočkoobři, jak nás nazýváš, to tak máme. Naše jemnohmotná planeta také dříve bývala ohraničena časem a danou formou jako ta vaše. Ohraničení časem nás ovšem přestalo bavit, protože to zaručeně vytváří konflikt. V původní realitě prožíváme plynutí a formu prožitku kreativně: Můžeme plynutí zpomalit, zrychlit i pozastavit, případně přetvořit svou formu.

Zvířata nejsou polapena v čase jako vy lidé. Znají moc přítomného okamžiku, žijí v jednotě vědomí a Zdroji. Každý nový den je pro ně jako nový život. Lidé, kteří nejsou propojeni s moudrostí zvířat, o hodně přicházejí, ale nechybí jim to, jelikož o tom nevědí.

Zvířata jsou propojena přes srdce, a přijímají tedy informace přímo ze Zdroje. Nepotřebují řeč. Nepotřebují nic sdílet a vzdělávat se, protože všechno důležité přirozeně vědí. Lidé ovlivněni současným matrixem neustále pracují se slovy, protože toho příliš mnoho neví. Jejich energetická centra jsou záměrně omezena. V původní realitě nepotřebujeme nic zapisovat, komunikujeme telepaticky a kreativně. Ne všem se tam ale líbí, ne všichni tam chtějí být. Někdo je zkrátka závislý na prožitcích ve hmotné či jemnohmotné realitě.“

10

ZDROJOVÉ POLE, JEMNOHMOTNÉ TĚLO A ELFÍ INKARNÁTI V SOUČASNÉM MATRIXU

TĚLO V PŮVODNÍ REALITĚ VERSUS JEMNOHMOTNÉ

Těla v původní realitě nikdy neumírají ani nestárnou, jelikož jsou světelná a proměnlivá. Mohou se transformovat do čehokoliv a vzít na sebe jakoukoliv podobu, ať už lidskou, zvířecí, minerální či rostlinnou. Dokáží se na čas i zhmotnit v našem světě, ale je jim to nepříjemné, protože je to tu pro ně energeticky příliš zahuštěné a nízkovibrační. Světelným bytostem se lépe přechází do jemné hmoty, kde podmínky nejsou tak zatěžkané a omezené jako v současném matrixu.

Tělo z původní reality se nám může zdát obrovité, protože má mnohem větší rozhled a ovládá více dimenzí než jen tři základní. Jemnohmotné tělo je podobnější našemu fyzickému, ale mnohem

éteričtější. Během hlubokých meditací a někdy i ze spontánních vzpomínek vnímám jemnohmotné tělo z jedné ze svých paralelních inkarnací. Kde je uloženo, nebudu z pochopitelných důvodů uvádět. Mohu pouze říci, že se nachází mimo současný matrix.

To tělo je fixní, tedy není tak proměnlivé jako to v původní realitě. Mohu ho však sama svými schopnostmi revitalizovat a omlazovat. Často ho vnímám i za bdělosti, tedy mimo změněný stav vědomí. To tělo je napojeno pomocí jakýchsi jemných vláken na květinové esence, které ho udržují při životě. Vedle sebe vnímám mnoho takovýchto výletníků. Kromě vysokých elfů jsou tam i ti menší a nejmenší. Dobře se tam o nás starají a my mezitím prožíváme paralelní existence. Někdy vnímám na tváři ona jemná vlákna, jindy zaslechnu hlasy pracovníků tohoto reinkarnačního centra, snažím se to však utlumovat, abych si udržela zdravou a koncentrovanou mysl ve hmotě. Netřeba se zamýšlet, jak to tamní vědci umí či zařizují, věda je tam na tak vysoké úrovni, že bych to svým současně omezeným vědomím stejně nepochopila.

V jemnohmotné realitě jsme nesmrtelní, inkarnujeme se i umíráme vědomě, a až když jsme na to připraveni. Poté co opustíme tělo, promění se ve světelný prach a kdykoliv můžeme zvolit novou inkarnaci. Někdy je mé napojení na toto paralelní, jemnohmotné tělo tak intenzivní, že své fyzické tělo začnu vnímat jako skafandr, o který se sice starám s láskou a péčí, ale příliš se s ním neztotožňuji.

Když jsem se při jedné z hlubokých meditací více zaměřila na vzezření toho uloženého těla, překvapilo mě, že působilo krystalicky. Má kůže je tam bledá, téměř průhledná. Místo srdce mám něco, co připomíná duhový krystal. Jsou tam i jiné orgány podobné těm v hmotném těle, ale jsou krásné a duhově zbarvené. I tepny jsou spíše průhledné a proudí jimi tekutina na principu krve, ale je průzračná. Jelikož si do těla částečně vidíme, můžeme si ho kdykoliv silou mysli harmonizovat. To tělo působí jako prastaré a přece mladé. Mám velmi dlouhé, sněhově bílé vlasy, obočí i řasy. Mé rty jsou úzké a obličej protáhlý. Místností pulzuje příjemné

teplo a vše je tam jasnější, barevnější a čistší. Jsem si vědoma toho, že v mozku každý máme jakousi krystalickou perličku, s níž se už rodíme. Je to asi tamní verze šišinky mozkové. Tento miniaturní krystal nás propojuje s ostatními bytostmi našeho světa, ale také s našimi multidimenzionálními schopnostmi. Není to však nějaký implantát, který by mohl být potenciálně zneužitelný, je to přirozená a organická část našich těl.

Gravitace je tam jiná a čas plyne rovněž jinak. Jemnohmotné bytosti se dokáží pohybovat velmi rychle a hravě uběhnou i sto kilometrů za hodinu. Vnímám tam také důležitost prstů, jsou velmi citlivé a fungují ve spolupráci s hlavními centry těla, tedy s čakrami. Pomocí prstů a gestikulace dokážeme revitalizovat tělo i podpořit duši a předávat informace z mysli své do mysli jiné. V jemnohmotném vesmíru se vše tvoří a děje ve spolupráci s našimi multidimenzionálními schopnostmi. Tamní bytosti jsou si vědomy Zdroje, ale také svého obsáhlejšího já z původní reality.

Nedávno jsem se setkala s někým, kdo má během své pozemské inkarnace také uloženo paralelní tělo v jemnohmotnější realitě. Tou ženou je Ava Brožová, renesanční bytost, která se věnuje záhadám, moderování i psaní. Ava mi jednou vyprávěla o tom, že si je vědoma toho, jak ji společně s jinými kolegy udržují při životě na vesmírné lodi, zatímco prožívá svůj příběh ve hmotě. Stejně jako já se tam vnímá jako polohmotná, avšak vyživovaná spíše pránou, tedy nikoliv květovými esencemi.

ZDROJ A ZDROJOVÉ POLE

Pro lepší pochopení paralelních verzí naší multidimenzionální bytosti je dobré nejdříve poznat svůj zdroj, který je přímo propojen se Zdrojem existence, tedy s jednotou a absolutnem všeho stvoření. Všichni máme tento zdroj a zdrojové pole, které se někdy nazývá aurické. Chová se podobně jako pole elektromagnetické, ale přesahuje materiální realitu.

Naše zdrojové pole je přirozeně celistvé a neustále proudící v sebeobnovujícím toku energie. Dalo by se připodobnit k nejdokonalejšímu, třídimenzionálnímu geometrickému tělesu, a sice k torusu. Doporučuji se podívat na torus v pohybu, protože jen tak začne být patrné, jak zdrojovým polem nekonečně plyne energie zevnitř ven a zpátky do zdroje. Připomíná to nádech a výdech, kdy nádechem jdeme do středu tohoto pole a výdechem do jeho velkoleposti. Svým způsobem se to odráží i v našem životě, protože při zrození se nadechneme a těsně před odchodem z těla vydechneme.

Někteří vědci tvrdí, že celý náš vesmír je ve tvaru toroidu. Elektromagnetické pole planety je také toroidálního charakteru a vzhledem k tomu, že elektromagnetické pole chrání život na planetě před solárním větrem a škodlivým kosmickým zářením, dalo by se nazvat nejen zdrojem životní energie, ale také ochranným štítem. Našim tělům a orgánům poskytuje elektromagnetické pole také záštitu a vitalitu, zvláště pokud je v harmonii s polem zdrojovým. Proto je tak blahodárné taiči a qigong, protože podporují propojení elektromagnetického a zdrojového pole.

Shora tvar toroidu připomíná kružnici či prstenec, ale ze strany se spíše podobá keltskému Stromu života, kde jsou kořeny a větve propleteny v ucelený tvar. Mohli bychom ho tedy symbolicky přirovnat ke studnici stvoření i ke Stromu světa. Asi není náhodou, že stromy i

studny jsou v mnoha filozofiích a spirituálních tradicích spojovány do jednotného celku a často jsou použity jako alegorie portálů mezi světy. Například v severském Stromu světa se u kořenů nachází tři studny: jedna zastupuje čas a osud, druhá moudrost předků a třetí je pramenem života.

Ve védách jsou protichůdné přístupy ke Stromu světa. Některé prameny uvádí, že je třeba se od něho odseknout, jiné nás zase učí, jak se do něho integrovat. Například hinduistický text *Bhagavadgíta* mimo jiné vypovídá i o tom, jak odpoutat duši od karmy tohoto světa odseknutím se od Stromu života, kterému se říká Ashvattha. Nechápala jsem to až do doby, kdy jsem se snažila porozumět rozdílu mezi elektromagnetickým a zdrojovým polem.

Elektromagnetické a zdrojové pole se během zrození ve hmotě integrují, avšak během života se postupně začínají více a více oddělovat a oddělí se úplně, až když je bytost připravena z hmoty odejít. Pochopení toho, že elektromagnetické pole je pouhým odrazem zdrojového pole, je tedy, dalo by se říci, základem pro uvědomění si limitací současného matrixu a rozprostření vědomí mimo jeho omezení.

Při hlubším poznávání našeho zdrojového pole pro mě byla velice důležitou inspirací práce věhlasné vědkyně a následně i léčitelky Barbary Ann Brennan. Ve svých knihách se zabývá všemi aurickými vrstvami našeho zdrojového pole, nebo jak to nazývá ona, energetického pole. Přirovnává to k elektromagnetickému poli, ale vysvětluje i v čem se liší. Její práce se mnou velmi souzní a potvrdila mi informace, jež ke mně proudily ještě předtím, než mi byla její práce doporučena. Její popis jednotlivých slupek našeho zdrojového pole přesně zapadá do toho, co jsem sama nazřela a vnímala za hranicemi hmotného bytí. Jako jí i mně se těžko chápou vrstvy za tou sedmou, což jen poukazuje na omezení našeho lidského mozku.

Jádro duše neboli Vnitřní Zdroj nazývá Brennan harou a první vrstvu bytí zase vnitřní hvězdou. Za druhou vrstvu považuje náš éterický otisk,

třetí vrstvu popisuje jako mentální tělo a čtvrtou jako emoční tělo. Právě tuto vrstvu považuje Brennan za zásadní pro přechod do jiných realit, protože ji ovlivňují především naše přesvědčení a víra, díky nimž se můžeme zadrhnout v posmrtných meziprostorech.

Pátá vrstva je podle ní jakýmsi blueprintem stvoření, šestou spojuje s bezpodmínečnou spirituální láskou a sedmou vrstvu se spirituální moudrostí a manifestací. Tyto vrstvy energetického pole jsou propojené jako slupky cibule, tedy přiléhají jedna na druhou a vytváří neoddělitelný celek podobně jako torus. Jádro je přímo propojeno s ostatními vrstvami, stejně jako je Zdroj neoddělitelně propojen se svými vnějšími projevy. Na podobném principu funguje i propojení centrálního vortexu a pláště torusu.

Podle Brennan existujeme všichni paralelně ve všech vrstvách. Během svých mnohaletých zkušeností s energetickým léčením došla k uvědomění, že čím propojenější jsme se svým zdrojovým polem, tím harmoničtější a zdravější může být naše existence v tomto světě. Ještě dovysvětlím, proč toto pole nazývám „zdrojové" a nedržím se jejího výrazu „energetické". Zdůrazňuji tím, že tok tohoto pole plyne z našeho zdroje, který je přímo napojen na Zdroj absolutna.

V současnosti docházím k názoru, že ony vrstvy našeho zdrojového pole obsahují všechny nám dostupné dimenze, od kterých jsme v současném matrixu záměrně odpojeni. Naše vědomí je omezeno na pouhé tři, ale v jemnohmotné realitě jsou nám přístupné i ty obsáhlejší: Můžeme pracovat s časem čtvrté dimenze i s vyšší formou kreativity a alchymie páté dimenze. V původní realitě se nám otevře i přístup k obsáhlejší realitě tvorby šesté a sedmé dimenze. Někteří tam mají přístup i k osmé dimenzi, kde se pracuje se všemi časovými linkami různých realit, ale také k deváté, kde se propojíme s desátou dimenzí a tím opět s první dimenzí a dimenzí nula neboli se Zdrojem absolutna.

ZDROJOVÉ POLE A ČAKRY

Autorka Barbara Ann Brennan ve svých knihách popisuje, jak je zdrojové pole přímo propojeno s energetickými centry, tedy čakrami. Brennan často poukazuje na důležitost čtvrté vrstvy zdrojového pole, která je propojena se čtvrtou čakrou srdečního centra. V této čakře sídlí témata bezpodmínečné lásky, víry a přesvědčení. A jak všichni dobře víme, bolest z lásky, zarytá přesvědčení i nalomená či slepá víra mohou duši pěkně potrápit.

Je dobré si témata čtvrté čakry již za života zpracovat, jelikož právě tato vrstva zdrojového pole je klíčová k našemu přístupu do obsáhlejších dimenzí, kde již pracujeme s našimi přirozenými tvůrčími, magickými a alchymickými schopnostmi. Dimenze za tou pátou jsou zcela projeveny v původních světech, ale s některými můžeme pracovat i v jemnohmotném vesmíru. Mnoho spirituálních mistrů, léčitelů a mágů to však dokázalo i ve hmotě.

Před pár lety, když jsem intenzivně řešila nějaká témata srdeční čakry a posilovala vědomě své napojení na Zdroj a zdrojové já, jsem měla u srdce neustále zvláštní, tíživý pocit. Jinak jsem však byla zdravotně v pořádku, a tak jsem tušila, že to má spíše spojitost se čtvrtou vrstvou zdrojového pole. Mé paralelní já, jemuž říkám Gwyndiweth, mi poradilo, ať se zaměřím na skrytou čakru nalevo od srdce.

Hned jsem se pustila do pátrání a zjistila, že skutečně existuje skrytá čakra nalevo u srdce a říká se jí Hrit. Je to posvátné centrum spirituální lásky a svobody, ale také vítězství nad manipulací. Barva této čakry je sytě růžová (magenta) a jejími symboly jsou orel a strom. Zde si neodpustím poznámku, že orel působí v korunách Stromu světa v severské mytologii, a je zde tedy možná souvislost. Hrit čakra je skrytá, protože k ní má každá bytost dospět sama, většinou až když je připravena

probudit se z iluzorního světa do svého skutečného já zvaného Aatma, které existuje za hranicí nám známých smyslů.

Srdce je tedy zásadní nejen pro fungování naší fyzické schránky, ale také pro pochopení naší věčné existence. Poté co jsem začala vědomě léčit a povzbuzovat tuto skrytou čakru u srdce, prohloubila se má komunikace s jemnohmotnou i původní realitou. Také mé putování do tamních světů bylo náhle rychlejší a snadnější.

Vyléčení zablokované Hrit čakry může předcházet zvědomění a ideálně i zpracování potlačených emocí i zbytečně nastavených omezení a limitací. U srdce je elektromagnetické pole nejsilnější a zdrojové pole se tam také projevuje nejintenzivněji. Zkušenost s Hrit čakrou mi dokázala, že síla bezpodmínečné lásky je základem a zdrojem života i jeho nejmocnějším ochranným štítem.

Jak jsem již zmínila, s propojením a zároveň i odlišováním zdrojového a elektromagnetického pole nám pomáhají mnohá energetická cvičení a meditace východních filozofií jakými jsou například jóga, taiči, qigong a reiki. Právě tím, že prohlubujeme vztah s naším zdrojovým polem, otevíráme naše vědomí Zdroji a původní realitě. Jak jsem již zmínila v úvodní části této kapitoly, když zažíváme silné propojeni s naším zdrojem a původním já, můžeme náhle nabýt pocitu, že jsme obrovití. Propojujeme se totiž s celým komplexem našeho zdrojového pole, jenž zcela přesahuje naši omezenou existenci ve hmotě.

ELFÍ INKARNÁTI VE HMOTĚ

Ne všechny světy a formy z původní reality byly převedeny do hmoty, ale elfí a vílí rody kdysi žily mezi námi. Můžeme tudíž zahlédnout jejich dávné otisky v krajině či být svědky jejich chvilkového prostupu do současného matrixu. Některé druhy elfích i vílích bytostí a mytických zvířat byly uchovány pod zemským povrchem, ale jsou jemnohmotnější a můžeme je tedy spatřit jen když se naladíme na jejich vibraci.

Většina elfů z oblasti Vnitřní Země nemá k lidem dnešní doby důvěru a vyhýbají se jim. Mají pro to samozřejmě pádné důvody. Na povrch i pod povrch planety se inkarnuje mnoho nízkovibračních bytostí. Vstup na povrch je pro Vnitrozemce riskantní, jelikož jsou jemnohmotní, a tudíž je naše chování může částečně ovlivnit.

Elfové z oblasti Vnitřní Země chtějí žít na planetě v utajení, tudíž jim vyhovuje, že většina lidí o jejich paralelní, jemnohmotné existenci neví či ji zpochybňuje. Současný matrix navštěvují, ale pokud se do něho inkarnují, pak pouze částečně, protože v něm nechtějí své vědomí příliš zaháčkovat. Dříve jsme všichni uměli navázat svá vědomí na hmotnou formu a zase je dle potřeby vyvázat. Nyní jsou však na této planetě pro hmotu nastavena příliš velká omezení a amnézie duše způsobuje odpojení od Zdroje. To způsobuje strach ze smrti a nejistotu v tom, co leží za hranicemi materiální existence.

Elfích inkarnátů tu není mnoho, avšak v současnosti se jich do hmoty rodí více než kdy jindy. Proč tomu tak je? Domnívám se, že světy se opět postupně začínají propojovat, a až nastane lepší věk, budeme je vídat častěji. Pokud se elfové rozhodnou pro inkarnaci do hmoty, pak většinou ze zvídavosti či z lásky, podobně jako malá mořská víla, která opustila svůj svět částečně kvůli své fascinaci lidmi, ale především z lásky k princi.

Jak však poznáme, že jsme jedněmi z elfích inkarnátů? Tyto bytosti pojí od malička obdiv k přírodě. A obdivem nemyslím ten samozřejmý,

ale takový, který v duši vzbuzuje hlubokou a posvátnou úctu. Elfí a vílí inkarnáti respektují všechny živé organismy od minerálů po rostlinstvo a zvířecí i humanoidní druhy. Směřují přirozeně k veganství a živočišná strava jim vlastně ani nedělá dobře, protože stahuje jejich vědomí do současného matrixu a jeho krutostí. Elfí inkarnáti vědí, že vše si je v přírodě rovno a nikdo není nikomu nadřazený. Nechtějí žádné bytosti poroučet nebo ubližovat a jsou nadmíru empatičtí. I proto jsou tak citliví na nízkovibrační emoce a entity. Ačkoliv dobře vědí, že ve Zdroji je vše jedním, v jemnohmotných a hmotných světech je zapotřebí rozlišovat zlo od dobra.

Elfí duše mohou působit dětsky a nevinně, rozhodně to ovšem nejsou žádní svatoušci. Rádi druhé poštívají a snadno je rozhořčí nespravedlnost a ignorace posvátných, přírodních zákonů. Co se spirituality týče, jsou jim blízké kultury spjaté s přírodou a takové, které uznávají boha i bohyni v jednotě stvoření. Milují barvy a hudbu. Rádi se smějí a humor jim pomáhá lépe chápat i ty, kteří by pro ně jinak byli nepochopitelní.

Podobně jako duše z jiných jemnohmotných planet a vesmírů, mají i elfí duše tendenci unikat z omezení současného matrixu. Útěchu nacházejí ve fantazii, kreativitě a svých vnitřních světech. Většina probuzených elfích inkarnátů si je prostě vědoma toho, že jsou odjinud a působí tu pouze dočasně. Hmotný svět jim připadá nadmíru drsný a příliš se s ním neztotožňují. To však neznamená, že si svá dobrodružství v něm neužívají. Jsou to statečné duše, které touží sdílet světlo, lásku a věčnost života i v těch temnějších koutech stvoření. Jejich krédem je úcta k životu, světlu a lásce.

STRÁŽCI SOUČASNÉHO MATRIXU
A JEJICH SNAHA O UTLUMENÍ ELFÍCH INKARNÁTŮ

Od malička jsem mívala sny o tom, že přecházím mezi paralelními světy, a vždy jsem používala stejné průchody. Někdy bývaly v krajině, jindy v tunelech či budovách. Vchod zpátky do současného matrixu střežili lidé v bílých pláštích, kteří na mě působili jako lékaři. Nyní je vnímám jako strážce současného matrixu.

Jednou mě jedna z nich zastavila, právě když jsem měla namířeno do zón mimo současný matrix. Vpíchla mi do kůže jakousi tekutinu a já v tu chvíli poznala její tvář. Byla jsem si jistá, že ji znám a není to poprvé, co mě tímto způsobem zastavila. Následující den jsem onu ženu v bílém plášti potkala i ve hmotné realitě. Nebudu popisovat detaily, ale zachovala se ke mně velmi nepřátelsky.

Podobná, ne-li stejná žena jednou prošla portálem, který se náhle otevřel v naší ložnici, zatímco jsme spali, a zamířila k mému manželovi. Naštěstí mě to vzbudilo a skočila jsem jí do cesty, ještě něž mu stačila píchnout onu dávku čehosi, co s sebou v injekčních stříkačkách nosí. Tuším, že to je něco, co naše vědomí udržuje v současném matrixu, když se začínáme probouzet a rozpomínat na původní a jemnohmotnou realitu. Tito strážci tu byli již za dávných dob, kdy jsme poprvé dobrovolně vstoupili do hmotných těl. A co mi k tomu řeklo jedno z mých paralelních já, Gwyndiweth?

„Říkáme jim alchymisté planetárního matrixu. Korigují a přeměňují mozkovou aktivitu a manipulují vědomí zpátky do současného matrixu, když začíná vykolejovat. Často se takto snaží ovlivňovat elfí inkarnáty. Pracují na jiné frekvenci. Mohou probouzející se duše utlumovat, ale pouze v rámci možností toho, co jim dovolíme. Někdy nás zmanipulují k tomu, souhlasit s touto formou omezování a vlastně i experimentace s

naším vědomím těsně před zrozením, kdy již začíná působit amnézie. Mohou dokonce trvat na tom, že je pro hmotnou existenci potřebujeme. Je to nesmysl. Snadno se v inkarnacích orientujeme sami a bez jejich vlivů se nám žije mnohem lépe. Zruš s nimi všechny dohody silou vůle. To stačí."

PRAVÉ MINULÉ INKARNACE VERSUS OTISKY, KTERÉ ELFÍ INKARNÁTI ČASTO POUŽÍVAJÍ

Jak jsem již v několika předešlých kapitolách zmínila, v některých svých inkarnacích jsem fungovala jako převaděč mezi světy a zachraňovala ohrožené druhy zvířat a elfích či vílích bytostí. Vnitřní Země se pro nás mnohdy stala útočištěm během pozemských válek a přírodních katastrof, které většinou udeřily jako reakce na intenzivně rozpoutané zlo.

Z původní reality jsem většinou přecházela nejdříve do jemnohmotné reality, protože jsem s přímým vstupem do současného matrixu neměla příliš dobrou zkušenost. Z toho důvodu jsem si také na cestu vypůjčila podpůrné příběhy duší, které jsou lépe sžité s hrubou hmotou. Autorka a tvůrkyně QHHT hypnotické metody Dolores Cannon nazývá tyto příběhy „otisky" a já si její výraz propůjčím. Inkarnovaní elfové a víly přijímají otisky, aby se lépe orientovali v současném matrixu a intenzivně nízkých vibracích, protože na ně nejsou zvyklí.

Když se vědomí rozšiřuje za omezení hmoty, duše si obvykle začne vzpomínat na své minulé životy. Nicméně pro duše s otisky je obtížné rozlišit, zda si pamatují své vlastní zkušenosti, nebo ty vypůjčené. Tyto otisky nám sice ze začátku pomáhají, ale časem se mohou stát břemenem. Empatičtí jedinci se mohou s otisky příliš ztotožnit a díky tomu na čas zcela zapomenou na svůj původ. Poté co jsem si začala být vědoma toho,

že jsem si pro život v tomto matrixu vypůjčila zkušenosti jiných duší, začala jsem je odevzdávat a poznávat své skutečné já. Následkem toho jsem k sobě přilákala i mé duši bližší průvodce, či jsem spíše aktivovala své propojení s nimi.

Postupné odhalování pravé historie mé duše a mé původní vazby k planetě Zemi začalo teprve před asi dvanácti lety a prohloubilo se psaním mých prvních románů. Začala jsem vnímat, že do těchto příběhů zapisuji své prožitky z paralelních světů a probouzí mě to z amnézie vědomí. Ačkoliv všichni od narození dobře víme, odkud jsme přišli a proč, jsme intenzivně ovlivňováni a přetvářeni svým okolím, především rodinou, přáteli a různými institucemi. Je to logické. Potřebujeme je pro přežití. Všichni však přirozeně toužíme po návratu ke svému skutečnému já za iluzí. Většina z nás ho začne objevovat, až když pustí různé rodové a vztahové zátěže, ale také omezení a limitace vznikající výchovou a školním systémem. A někdy je třeba pustit i ony otisky, tedy zkušenosti jiných duší.

Mé rozpomínání bylo aktivováno živým snem, v němž jsem se setkala s jedním ze svých současných průvodců, jemuž říkám mistr Šan. Je to buddhistický mnich a léčitel. Tehdy se kolem mě, jak to trefně vnímala jedna moudrá vědma, střídaly strážné bytosti, protože už jsem byla připravena plně přijmout původ své duše a důvod její částečné inkarnace. V tom snu jsem s mistrem Šanem seděla v krystalických skalách a on mi na tabuli kreslil různé symboly. Tvrdil, že přicházím ze světa, kde se neumírá. Před těmi lety jsem ještě netušila, že mám paralelní, jemnohmotné tělo. Informace od mistra Šana mě sice zajímaly, ale plně jsem jim nerozuměla, tudíž i začala hloupě argumentovat. Mistr Šan se celou dobu trpělivě usmíval a naslouchal mi. Nakonec nakreslil na tabuli šesticípou hvězdu typu sněhové vločky. Řekl, že to je pro můj hvězdný lid symbol božství. Až později jsem sněhovou vločku rozeznala jako jeden z posvátných symbolů obyvatel souhvězdí Labutě.

Od té doby, co mi ve snu mistr Šan naznačil cestu k hlubšímu

zkoumání původu duše, jsem si postupně začala uvědomovat, že mnohé z inkarnací, které jsem považovala za své, byly pouze doprovodné příběhy důležité pro mé fungování v současném matrixu.

11

PUTOVÁNÍ PARALELNÍMI SVĚTY PŘES VNITŘNÍ PORTÁL

ZDROJ, VNITŘNÍ PORTÁL A RADY PŘED CESTOU

Je asi mnoho způsobů, jak se podívat do původních domovů naší duše, ale dle mé zkušenosti můžeme putovat kamkoliv, jakmile se propojíme se svým zdrojem, který je přímo napojen na Zdroj božského vědomí a absolutna. Prostupným portálem do Zdroje se nám může stát podobenství, například studny, jeskyně, stromy, či symboly. Základem je však vždy náš vztah s vlastním nitrem.

V předešlých kapitolách jsem několikrát zmínila své konverzace s duší blízké bytosti Drahouše, která zemřela tragickou a předčasnou smrtí. Za nejzásadnější z jejích sdělení považuji následující: „Vše je naopak. Jde se zevnitř ven, nikoliv někam dolů či nahoru. Toto je pouze projekce. Pravá realita je za projektorem. To my jsme v původním světě, vy jste ti spící v iluzi. Jde se zevnitř ven. Ke zdroji musíš jít přes projektor. A projektor je v tobě samé a v centru samotného bytí.“

Poznání sice můžeme nabýt rozšiřováním vědomí, ale čím dále jdeme

od Zdroje a čím více zkušeností a vědomostí nabydeme, stejně postupně dojdeme k uvědomění si toho, že všechno, co jsme kdy potřebovali vždy bylo v nás. Asi jako mnozí z hledajících jsem i já z počátku měla tendenci přeskakovat rovnou do vyšších, rozsáhlejších sfér a zapomínat na to nejniternější, a tedy i na svůj zdroj a Zdroj absolutna.

Zdroj se snadno opomíjí, ale láká nás k sobě zpátky především v momentech, kdy vnější svět nenabízí dostatečné uspokojení, vysvětlení či útěchu. Ve chvílích největšího citového a mentálního vyčerpání většinou netoužíme po ničem jiném než se stáhnout do svého vlastního nitra a utlumit všechny okolní vlivy. Ve Zdroji totiž není nic, co by nás mohlo stimulovat: Nejsou tam žádné tvary, myšlenky, emoce, pouze zklidňující pocit jednoty a věčnosti.

Pokud bychom se na naši multidimenzionalitu podívali matematicky, dal by se Zdroj přirovnat k dimenzi nula. Když totiž vejdeme do Zdroje, vnímáme pouze ono nic, které je všechno. Nemusíme tam něčím být, či něco prožívat, a přece jen svým způsobem jsme vším a prožíváme všechno. Ve Zdroji také nacházíme tu nejhlubší regeneraci a obnovu. Je to jako hluboký spánek před probuzením. Ale především se přes Zdroj dostáváme do jakýchkoliv paralelních světů a inkarnací.

Být ničím může být pro mnohé nepředstavitelné a možná i děsivé. Nicota má negativní korelace, ale mně se zdá být spíše nepochopená. Jak říkával můj první učitel astrologie: „I nic je něco. Nemůže existovat naprosté nic, když i nic je něčím." Je to onen paradox podobný zamyšlení se nad tím, co bylo dříve, zda vejce či slepice.

Zdroj však především zcela harmonizuje dualitu světla a tmy, které jsou již dle mé zkušenosti projevem první dimenze. Světlo je jasné a životadárné, avšak když je ho příliš, instinktivně se stáhneme do tmy. Kdyby ve hmotě nebylo rovnováhy mezi tmou a světlem, planeta by se stala pouze vyprahlou planinou. Tma podporuje životodárnost světla na planetě i v nás samotných. Světlo je často vnímáno jako aktivní a tvořivá stránka bytí, zatímco temno by se dalo přirovnat k bezedné studnici, v níž

je skryt potenciál všech projevů a pestrosti života.

Symbolicky bezedná hlubina se nachází v mnoha mytologiích: Seveřané ji znají jako Ginnungagap, propast, z níž vzešlo všechno živé. Buddhisté zase onu prázdnotu, která je zdrojem stvoření, nazývají Sunyata. Je to prázdnota plná potencionálních možností, které ještě nebyly manifestovány. Autorka Murry Hope ve své knize *Lví lidé* popsala tuto nekonečnou jednotu bytí jako centrální bod.

Než se pustím do popisu jednotlivých portálů, ráda bych zmínila, že při každém putování je dobré pro uzemnění držet nějaký hmotný objekt, nebo alespoň složit dlaně. Doporučuji také vědomě nastavit ochranu své duše, ať už pomocí energetického symbolu, či světelného pláště.

Pokud při hlubokých meditacích máme tendenci usínat, je lepší nechat se vést tam a zpátky osobou, které důvěřujeme. Základem pro putování mezi světy je však vždy záměr: Měli bychom si ujasnit, proč vlastně chceme vnitřním portálem putovat. Toužíme například poznat jeden ze svých původních domovů či rodnou planetu z jemnohmotného vesmíru? Nebo se toužíme potkat se svými průvodci či se zesnulou blízkou bytostí? Pokud se na své paralelní domovy již rozpomínáme, prostupuje se nám do nich mnohem snadněji, jelikož víme přesně, kam jít.

VNITŘNÍ PORTÁL A PODOBENSTVÍ STUDNY

Zdroj i vnitřní portál vedoucí do hlubin naší duše často symbolizovaly studny. Jedna fascinující výtvarnice Belle Ducray mě inspirovala k tomu, abych jako podobenství pro jeden ze svých vnitřních portálů použila právě studnu. Belle, jejíž jméno se nikoliv náhodou rýmuje s „well" (anglický výraz pro studnu), pochází z vesnice BelleVille. Všechny ženy v její mateřské linii se jmenovaly Belle a byly potomky strážkyň studnic, které žily v jeskyních s Čerokézy. Podobně jako já, Belle chápe studnu jako alegorii hlubšího poznání sebe samé a podstaty stvoření. Symbolizuje zdroj nejčistšího vědomí, jelikož čím hlouběji se člověk noří, tím spíše najde ten nejčistší pramen. Jak mi Belle během naší konverzace na toto téma řekla: „Právě ono nic dává prostor všemu."

V mnoha mytologiích je studna považována za zdroj poznání, moudrosti a stvoření. V irské a velšské mytologii studny moudrým lidem poskytovaly inspiraci zvanou „awen" a byly jim také připisovány obnovující, léčivé schopnosti. Střežily je bohyně, většinou Brigit či Danu (také zvaná Anu či Ana). V severské mytologii se u tří kořenů Stromu světa nacházely tři studny. U jedné z těchto studen žily obryně neboli sudičky zvané norny. Druhou studnu střežil obr Mimir, pradávný předek bohů, jehož jméno znamená „paměť a moudrost". Právě do této studny symbolicky „vhodil" své oko Odin, aby mohl vnitřním zrakem pochopit význam stvoření ve formě magických písmen, tedy run. Třetí studna byla spíše pramenem života.

Pokud svůj vnitřní portál připodobníme ke studni, je třeba do ní klesat pozvolna, nikoliv do ní bezhlavě skočit. Můžeme si studnu představit v nějakém tajemném průchodu, například jeskyni, čímž se nám začne lépe aktivovat Vnitřní zrak. Temnota, studny i jeskyně jsou spojovány s vnitřním zrakem. Ostatně hormon zvaný melatonin se aktivuje právě

temnotou a produkuje ho šišinka mozková, jež se nachází v tekutině zvané mozkomíšní mok. Šišinka mozková neboli epifýza je také v mnoha filozofiích zvaná třetím okem a sídlem ducha. A dalo by se tedy říci, že naše třetí oko symbolicky hledí do vody.

Podobenství studny, podobně jako podobenství jeskyně či tunelu, se může stát skvělým imaginárním portálem pro naše podvědomí. Nutno však podotknout, že při vnitřním putování do hloubek studny, jeskyní nebo tunelů je třeba se zakotvit a zajistit si tak bezpečný návrat! V případě studny můžeme držet bezpečně uchycený provaz i šplhat dolů a nahoru žebříkem. A pokud nás studna děsí a rozhodneme se putovat pouze přes jeskyni, poté si vystačíme například s klubíčkem příze, které pomalu odmotáváme a při návratu opět smotáváme.

STROMOVÝ PORTÁL

Jak jsem již zmínila, symboly stromu a studny byly v mnoha mytologiích a filozofiích provázány. Studna totiž reprezentuje zdroj a strom zdrojové pole. Ve své knize *Stromová magie* (orig. Tree Magic), a ostatně i v mnoha jiných knihách, se zabývám tím, že Strom světa by se dal přirovnat k torusu, nejdokonalejšímu geometrickému tvaru, který se velmi podobá keltskému Stromu života, kde jsou kořeny a větve protkány do sebe.

Možná se ptáte, proč je torus tak dokonalý? Protože znázorňuje nekonečno a naprosto harmonickou celistvost. Když ho pozorujeme v pohybu, vidíme, jak proud jeho energie plyne zevnitř ven, tedy ze zdroje do nejobsáhlejšího pole působení. Propojení tohoto toku energie zajišťuje vortex, spirálovitý sloup, jenž by se dal přirovnat k nebeskému pilíři neboli k axis mundi. Proudící tok energie v torusu nemá konce ani začátku, nekonečně plyne ve svém vlastním a dokonalém energetickém poli. Stejně je tomu u našeho elektromagnetického pole, které odráží to původní a zdrojové. Takovéto torusy nevytváří pouze naše těla a všechny orgány, ale také planety i galaxie. Severský Strom světa byl znázorňován podobně jako ten keltský a nazýval se Yggdrasil. Ygg znamená „já" a drasil „vůz" nebo „cestovat", tudíž by se dalo říci, že tento strom je podobenstvím multidimenzionálního systému, jímž se cestuje mezi světy.

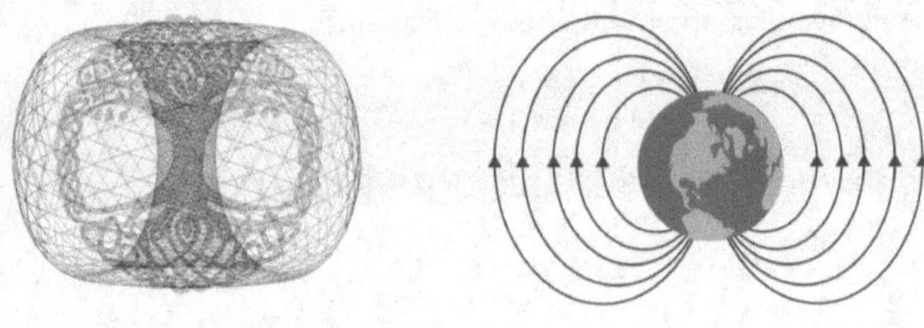

Strom života v torusu (vlevo) a elektromagnetické pole (vpravo).

Když naše duše opouští hmotnou inkarnaci, cestuje zevnitř přes svůj zdroj přímo do Zdroje absolutna a následně se může svým zdrojovým polem promítnout do jakékoliv reality a světa. Mnozí z těch, kteří někdy opustili své tělo a ocitli se na prahu mezi životem a smrtí, tento prostup zažili.

Když jsem si na toto téma povídala s veterinářkou, a především velmi vědomou bytostí, Lenkou Solomon, sdílela se mnou zážitek, kdy téměř zemřela. Prý se vše zúžilo jako v hledáčku kamery. A v tomto zúžení se

před ní rozzářilo světlo, v němž vnímala naprostou harmonii, moudrost a bezpodmínečnou lásku. Věděla, že tam nebude nikým souzena a může prostě být sama sebou v sounáležitosti se vším. Její bytost se tehdy asi chystala přejít přes svůj zdroj do Zdroje absolutna. Nebyla však připravena odejít, vrátila se tedy do hmotné existence dokončit svůj životní příběh.

Jak jsem zmínila v kapitole o matrixu a astrálu, falešný matrix někdy může kopírovat cestu do světla a vytvořit onen falešný světelný tunel, jímž láká duše do nedobrovolné inkarnace. Duše však rozezná faleš od pravdy. Všichni dobře známe svůj zdroj a víme přesně, kam patříme, tudíž jde jen o to nenechat se zmást a svést z cesty. Navíc, tunel vedoucí do Zdroje absolutna poznáme snadno. Vyzařuje z něj bezpodmínečná láska. Je to onen pocit, který cítíme, když se díváme na milovanou bytost a vnímáme pouze všeobjímající a naprostou lásku. Proto čím více bytost miluje a je milována, tím snadnější je pro ni rozeznání skutečného Zdroje od falešného.

Mnoho dávných kultur spjatých s přírodou cestovalo za tento hmotný svět přes portály ve stromech či pod stromy. Seveřané měli dokonce i stromové průvodce: Koruny střežili ptáci a kořeny zase hadi. Keltové také putovali do svých původních domovů přes stromy, a proto u sebe často měli stromovou hůl, která symbolizovala Strom života (životní síla zdrojového pole) a Strom světa (multidimenzionalita zdrojového pole).

Putovat přes stromové portály mě naučila Ayn Cates Sullivan, která vycítila, že už tento postup má duše dobře zná, jen si na to potřebovala vzpomenout. Omezené vědomí současného matrixu se nám někdy snaží nakukat, že putování mezi světy je pouze pro osvícené a něčím výjimečné bytosti, ale to je samozřejmě nesmysl. Všichni můžeme a máme právo takto činit, stačí jen chtít a věřit.

Pokud si zvolíme jako prostupný portál strom, je dobré si vizualizovat ten, který nás nějakým způsobem oslovil a s nímž jsme již navázali vědomý kontakt. Před cestou si zopakujeme důvod a záměr svého

putování. Posléze si představíme, jak ke stromu přicházíme, a vizualizujeme si jeho prostupný portál, ať už je ve větvích, v samotném kmeni, nebo pod kořeny. Aktivujeme tak tvůrčí mysl a fantazii, které jsou pro vnitřní putování důležité, jelikož blokují současný matrix. Ten totiž zvládá analytické uvažování a kopírování, ale nechápe originalitu. Čím více tedy zaměstnáme při vnitřním putování fantazii, tím lépe. Někdo se může obávat, že vše, co se poté odehraje, je pouze jeho představou, avšak je třeba si uvědomit následující: Mozek jakožto hmotná kopie původního vědomí si nikdy nepředstaví nic, co by v nějakém paralelním světě již neexistovalo. Naše fantazie se přirozeně propojí s tím, co již naše zdrojové já velmi dobře zná. Vždy jde o rozpomínání spíše než fantazírování.

Cestu za stromový portál je z mé zkušenosti dobré nějak prodloužit, tedy například šplhat do korun, spouštět se pod kořeny nebo pomalu vstoupit na cestu přes kmen. Tím, že prostup prodloužíme, se lépe aktivuje Vnitřní zrak a multidimenzionální vědomí, které se nachází mimo omezení současného matrixu. Zkušený poutník mezi světy postupně svou mysl vycvičí a přestup mezi světy poté probíhá rychleji a snadněji. Jako u studny, je dobré si zapamatovat cestu zpátky, ale většinou ji sami odhadneme.

SYMBOLY JAKO PORTÁLY

Jednoduchým a velmi efektivním způsobem, jak se lépe propojit se svým zdrojovým portálem, je představit si ho jako nějaký symbol. Tento symbol nám může být vstupní a výchozí branou i štítem proti nežádoucím vlivům. Navíc nám koncentrace na symbol pomůže zkonsolidovat mysl, aby neměla tendenci unikat do každodenních starostí, pochybností o sobě samé, nebo třeba i do spánku.

Když si tento symbol vytvoříme sami, vložíme do něj svou originalitu a kreativitu. Do takovéhoto symbolu je však také třeba vědomě vtisknout účel, k němuž je určen. Pokud je jím propojení se Zdrojem a putování do svých paralelních domovů, pak je třeba tuto myšlenku podržet v mysli a představit si, jak se slučuje s daným symbolem. Pomocí symbolu můžeme vnitřně putovat tak, že si jej představíme jako vstupní portál do svého zdroje a následně zdrojového pole, které nás propojuje s paralelními realitami.

Symboly, znaky, runy a geometrické tvary by se daly nazvat dvoudimenzionálním odrazem naší třídimenzionální reality. Propojují naše vědomí s první dimenzí a dimenzí nula, tedy se Zdrojem. Jsou to kódy, pomocí nichž se vytváří mikrokosmy, makrokosmy i třídimenzionální hmota. Symboly posvátné geometrie a run jsou obsaženy ve všem a působí na stvoření zevnitř i zvenku.

Tematikou posvátné geometrie a od ní odvozených magických symbolů a run jsem se zabývala v mnoha svých předchozích publikacích, tudíž se nebudu příliš rozepisovat a zdůrazním pouze to podstatné: Symboly a runy na naše podvědomí působí, ať si to uvědomujeme, či ne. Různé geometrické znaky a mandaly se používaly pro meditační účely od dob pradávných, a doteď jsou ve spirituálních kruzích vyhledávány. Mágové symboly uměli používat a mnohdy bohužel i zneužívat pro

ovládání davů. Druhá dimenze se nám totiž na podvědomé i vědomé úrovni chápe velmi dobře. Většina z nás do ní každý den prochází přes obrazovku monitorů, telefonů i tabletů, ale i přes knihy, časopisy a jiné listiny.

Symboly přímo komunikují s naším podvědomím a v těch z nás, kteří rádi uvažují kreativně, provokují ještě lepší představivost. Pokud s nimi začnete pracovat, váš život už nikdy nebude stejný. Většina elfích duší přirozeně inklinuje k symbolům a runám, protože jejich rod ze souhvězdí Labutě kdysi znalost a moudrost symbolů přivezl na planetu Zemi. I mně byly vždy pradávné symboly, znaky a runy velmi blízké. Vnímala jsem, že znám i jejich skryté významy a kódovou řeč. Postupně se řeč symbolů učím rozklíčovávat a stále poznávám nové a jiné souvislosti.

Ptáte se, jak si vytvořit portál ve tvaru symbolu a vtisknout do něj specifický záměr? Z vlastní zkušenosti doporučuji následující snadnou metodu: Stačí se uvést do meditace, vypustit každodenní starosti a tok nepodstatných myšlenek a posléze zadat svému vědomí tento pokyn: „Chci spatřit symbol pro daný účel." Účel je již na každém z vás. Můžete si například vytvořit symbol pro putování mezi světy, pro ochranu duše, pro napojení na své průvodce i pro vše zmíněné dohromady. Je třeba při tom na chvíli vypnout racionální mysl a dát prostor své přirozené fantazii, tvořivosti, vynalézavosti a intuici. Symbol může být velmi jednoduchý i komplikovaný. Z mé zkušenosti je lepší, když je jednoduchý, ale zároveň ne příliš, aby mysl měla čas na to se zkonsolidovat, zatímco si ho v mysli kreslíme, představujeme apod.

Postupně si tímto způsobem můžeme vytvořit i symboly pro více specifické účely: Například pro prostup do určité reality, přístup k jisté spřízněné duši nebo pro navození spojení s jistým spirituálním průvodcem. Tyto symboly s námi poté mohou, a dle mé zkušenosti automaticky začnou, komunikovat přes různá znamení a synchronicitu.

SHRNUTÍ ZÁKLADŮ PRO
CESTOVÁNÍ PARALELNÍMI SVĚTY

Ujasnit si záměr vnitřního putování

Je jím touha po poznání minulých a paralelních inkarnací? Chceme nahlédnout do svých domovů v původní realitě? Nebo bažíme po setkání s blízkou duší z jiné reality?

Zvolit si portál

Z mé zkušenosti se osvědčila studna, strom nebo symbol, ale portálem může být cokoliv, co v nás vzbuzuje důvěru a evokuje prostup do Zdroje.

Cestu k portálu si můžeme prodloužit, či přejít okamžitě, podle toho, jak zkušenými poutníky mezi světy jsme. Ze začátku mi pomáhalo představit si, jak se na cestu připravuji, beru si s sebou podpůrné amulety a následně jak kráčím směrem k portálu mně známou krajinou a cestou si opakuji záměr své cesty. Pokud putujeme přes symbol, můžeme si ho v mysli nakreslit například třikrát, sedmkrát nebo desetkrát a v různých barvách nám příjemných a pro nás významných.

Uzemnit se

Je dobré zůstat během vnitřního putování v kontaktu se svým fyzickým tělem a současností. Bez takového uzemnění by se totiž snadno mohlo stát, že sejdeme z cesty svého záměru a budeme jen bezhlavě bloudit, nebo usneme. Pokud cestujeme stromovým portálem,

můžeme se před putováním symbolicky stát stromem, tedy zapustit své kořeny do země. Pokud cestujeme přes studnu či jeskyni, můžeme si kolem pasu ovázat provaz, který upevníme na místě, kam se při cestě zpět vrátíme.

Pokud cestujeme přes symbol, stačí držet nějaký hmotný objekt, ale můžeme také jen složit dlaně.

Prostup a výstup

Před vstupem můžeme cestu prodloužit či zkrátit, dle toho, jak je nám to příjemné. Někdo cestu přes vnitřní portál protahuje, jelikož se mu tak lépe zkoncentruje mysl, někdo naopak jde rychleji, aby neusnul. Vždy je nejlepší řídit se vlastní intuicí. Po návratu stačí jít zpět na místo prvotního průchodu. V případě portálu ve tvaru symbolu si ho opět v mysli nakreslíme a podržíme, dokud nejsme připraveni otevřít oči.

Fantazie jako klíč

Fantazie neboli poetická mysl byla našimi předky považována za klíč k realitám a bytostem za limitací hmotné existence. Keltští i severští bohové popíjeli „poetickou medovinu" a jiné nápoje, aby tuto část mysli povzbudili. Někdo má pocit, že věci, které se odehrávají poté, co prostoupí vnitřním portálem, jsou pouze výplody fantazie, ale zamysleme se nad tím hlouběji. Výrazy „je to pouze fantazie" nebo „má bujnou představivost" se často vnímají v negativních korelacích i přes to, že fantazie je klíčem ke všemu. Vše stvořené je odrazem stvořitele, tedy výsledkem fantazie a záměru. Svůj svět si pomocí fantazie nevytváříme pouze v původní realitě, ale i ve hmotě, jen je to zde méně zřetelné. Navíc, i kdybychom si něco „pouze vymýšleli", je třeba se zamyslet, odkud ten výmysl pochází a proč jisté věci vidíme právě v reakci na daný záměr.

Osobní znamená osobní

Osobní symboly bychom nikdy neměli sdílet s bytostmi, jimž nedůvěřujeme.

Potvrzení

Kdyby se nám přece jen zdálo, že vše, co se odehrálo při našem vnitřním putování, byla pouhá fantazie, můžeme si vyžádat od svého zdrojového já potvrzení. Potom například potkáme někoho, kdo byl v podobných světech a potvrdí nám jejich existenci, či nám do cesty přijde nějaké znamení nebo zkrátka cokoliv, co s naším putováním nějak souvisí. Čím více potvrzení dostaneme, tím spíše můžeme věřit v pravdivost našich zážitků.

12

PÍSEŇ VĚDMY

Píseň vědmy (orig. *Völuspá*) pochází z islandské sbírky prastarých písní zvané *Poetická Edda*, jejíž nejstarší verze byla pravděpodobně sepsána někdy v 11. století Sæmundrem fróðim. Níže je uveden můj překlad islandské verze z 13. století. V *Písni vědmy* se popisuje nejen tvorba hmotného světa a vývoj humanoidních bytostí, ale také prvotní záměr pro planetu a jeho postupný pád. S překladem mi pomáhal můj manžel, Islanďan Gunnar, abychom zachovali význam původních výrazů. K veršům jsem přidala vysvětlivky a své úvahy.

Utište se nyní,

děti bohů,

velké i malé,

synové Heimdalla.

Na činy otce všeho vzpomínám,

na to, co v pradávných dobách lidé zažili.

Budu vám vyprávět o všem, co si pamatuji.

Heimdall, syn boha Odina neboli otce všeho žil u duhového mostu mezi Midgardem (Zemí) a Asgardem, říší bohů Ásů. Dohlížel nad přesunem duší mezi hmotnou a posmrtnou sférou. Tehdy byly asi hmotné a původní světy ještě propojeny, bez nastavených limitací pro inkarnaci na planetu.

Vzpomínám na *jötnary*,

kteří zrodili se dávno před vším

a mě také kdysi vychovali.

Znám devět světů,

devět stromů.

Jeden je středový,

ten pod povrchem zemským.

Jötnarové jsou obři a vědma zmiňuje, že obývali planetu ještě dávno před lidmi. Popisuje zde také Strom světa, který je často vnímán jako obraz paralelních říší. Avšak ona doslova říká: „Znám devět stromů", tedy spíše devět Stromů světa neboli devět separátních realit? A jeden ze stromů je pod povrchem zemským... Asi se zde jedná o svět Vnitřní Země, o němž se tehdy vědělo?

Již za dob pradávných

žil náš prapředek Ymir,

avšak nebylo ještě moře ani písku,

nebylo mořských a ledových přílivů.

Země zatím neexistovala.

Ani klenba nebeská a tráva zelená.

Pouze rozevřená propast.

Ymir byl praobr, jenž vzešel z propasti Ginnungagap, tedy symbolického Zdroje neboli jednoty vědomí.

Bylo to před dobou dávnou,

ještě než klenbu nebeskou

synové Bura postavili

a ušlechtilou říši Midgard tak vytvořili.

Slunce svítilo od jihu nad skalisky

a půda byla pokryta bujnou vegetací.

Společnice pána měsíce,

sluneční paní z jihu,

napřáhla svou pravou ruku

a vytvořila nebeské koně.

Tehdy ještě nevěděla, kde býti

a měsíc nic netušil o své moci.

Ani zářící nebeské hvězdy

své pozice zatím neustálily.

Bur byl otec boha stvořitele Odina, který s pomocí Viliho a Vého stvořil tento hmotný svět. Vili a Vé jsou jeho bratři. Jedná se tedy o trojjediného boha a trojjediný princip tvorby ve hmotě.

Potom všemocní zasedli

na své soudcovské trůny,

ti nadevše svatí bozi,

a konalo se zasedání jejich rady:

Noc i měsíční cykly tehdy pojmenovali,

ránu, poledni, odpoledni i večeru jména dali,

aby lépe počítat roky mohli.

Odin, Vili a Vé stvořili nejen tuto planetu, ale i vesmír a jeho cykly, což by mohlo znamenat, že se jednalo o tvůrce z nějaké vyšší sféry, z níž se tvoří hmotné světy.

Ásové na Idské pláni

vždy se rádi setkávali.

Oltáře a chrámy své tam budovali

a svou moc tak světu na odiv dali.

Různé věci si vyzkoušeli

a pece své rozžhavili.

Drahocenné objekty v nich ukovali,

poté co kleště a nářadí vynalezli.

Idská pláň je „pláň středu". Mohlo by to tedy odpovídat Midgardu neboli Středozemi, spojnici mezi vesmírem a Vnitřní Zemí, kde se nachází přechody do původní reality. Bohové se tedy nejspíš částečně inkarnovali do hmotných těl, aby si vyzkoušeli, jaké to je v nich pobývat.

V domovech svých si takto hráli

a radostní všichni společně byli.

Nic pro ně tehdy neznamenala

moc zlata ani po něm touha.

Až když tři thurs přišly,

ty velmi mocné totiž byly

a z *Jötun*heimu pocházely.

Thurs jsou v překladu obři, ale na rozdíl od *jötnarů* bývají spojováni spíše s troly, kteří rovněž obývali říši obrů zvanou *Jötun*heim.

Potom všemocní zasedli

na své soudcovské trůny,

ti nadevše svatí bozi,

a konalo se zasedání jejich rady:

Kdo by mohl z dvergaru̇

vytvořit novou rasu

použitím krve obra moří

a jeho prastarých kostí?

Vědma přímo poukazuje na to, že první lidé byli stvořeni z genu dvergarů, což je zajímavé sdělení. Nejdříve tu byli jötnarové (obři), poté dvergarové, a až posléze byli stvořeni humanoidi dnešního typu. Dvergar (sing. dvergr) mohou být trpaslíci i skřítci, podobně jako thursar (sing. thurs) jsou obři z rodu jötnar. Existovalo tedy mnoho druhů menších i vyšších humanoidů.

Potom Mótsognir

nejmocnějšího dvergara stvořil.

Následně i Durina.

Ze země samotné pochází

dvergar rod původní.

Podobá se lidskému plemeni.

A vše Durinovi bylo po vůli.

Mótsognir byl první

a Durin druhý stvořený dvergar.

Dále pak Nýi a Nidi, Nordri a Sudri, Austri a Vestri,

Altjóf, Dvalin, Bifur, Böfur, Bömbur, Nóri,

Ánn a Anar, Ái, Mjödvitni.

Veig a Gandálf, Vindálf, Tráin, Tekk a Torin,

Trór, Vit a Lit, Nár a Regin,

Nýrad a Rádsvid, Fíli, Kíli, Fundin, Náli,

Hepti, Víli, Hanar, Svíur, Frár, Hornbori,

Frég a Lóni, Aurvang, Jari, Eikinskjaldi.

A tedy kromě lidských rodů

byly zde i rody dvergarů.

Již zmíněná skupina Dvalina

k Lofarovi se dříve vázala.

Přišli ze skal, minerálů a kamenů,

ze samotných zemských základů

a vystoupili na Ioru.

Zde se uvádí, že dvergarové (trpaslíci i skřítci) přišli z podzemní říše, nebo snad ze samotné Vnitřní Země? Iora v překladu znamená „písečná pláň".

Byli tam tehdy následovní:

Draupni a Dólgtrasi, Hár, Haugspori,

Hlévang, Glói, Skirvi, Virvi, Skafinn,

Ái, Álf a Yngvi, Eikinskjaldi,

Fjalar a Frosti, Finn a Ginnar.

A tak na zemském povrchu

lidé od té doby žijící

považováni byli

za potomky Lofara.

Až poté přišli ze své skupiny božské
Tři mocní a vlídní Ásové.
Ti našli u moře dvojici: ženu a muže,
avšak bez osudu a neživé.
Byli to první lidé,
Ask a Embla.

Ask a Embla jsou obdobou Adama a Evy. Otázkou je, zdali se zde již objevil vliv křesťanství, či se jedná o podobný příběh stvoření. Ask v překladu znamená jasan a Embla černý bez. Byli tedy stvořeni z genu stromů, nebo symbolicky ze Stromu světa? Odin, Vili a Vé našli hmotná těla, avšak bez duše. Byla snad ta těla robotická? Proč bylo zapotřebí je nejprve oživit?

Duši tehdy ještě neměli,
rozum také postrádali.
Bez krve a nehybní byli
a bledou pleť měli.
Duši jim vdechl Odin,
rozum Hoenir,
Lodur dal jim své krve
a zrůžověly jim tváře.

Znám vysoký jasan
jménem Yggdrasil.
Ten vznešený strom se živí
z průzračně jasné vody.
Odtud rosa pochází
a padá skálou do údolí.
Věčně se strom zelená
nad studnou Urd.

ᛉ

Yggdrasil znamená „můj vůz" či „já cestuji". Je to tedy multidimenzionální komplex světů, kterým můžeme cestovat pomocí světelného těla. Urd se překládá jako „studna minulosti", a tak se zde nabízí, že nám Strom světa umožňuje putovat i časovými linkami...

Odtud tři vědoucí valy

přichází z věhlasné haly,

jež pod stromem stojí.

První je vysoká Urd,

druhá je Verdandi

a Skuld je ta třetí.

Runy zapisují,

udávají zákony.

Příběhy přidělují

a o životech potomků lidí

i jejich osudech rozhodují.

Halu lze přeložit i jako říši, nejedná se tedy pouze o místnost. Vědma zde vypráví o příchodu tří norn neboli sudiček, které přišly z říše pod stromem. Že by z Vnitřní Země? Sudičky začaly rozhodovat o osudech a životech lidí... Jednalo se snad o nové nastavení pro inkarnaci do hmoty? Přestali lidé být strůjci své štěsteny? Urd znamená minulost, Verdandi současnost a Skuld budoucnost.

Já tehdy žila v osamocení,

když ke mně přišel pradávný bůh Ásů.

Byl mocný, hrůzu nahánějící.

„Na co přišel ses ptát, Odine?

Vím o všem, vím mnohé.

Vím, kam schoval jsi oko své
- do Mimirovy studny!
Ten ráno po ránu
upíjí medovinu
ze zástavy otce všeho.
Chápete už snad…

Mimir je prapředek, jenž uchovává veškerou paměť a moudrost ve své studnici zvané Mímisbrunnur. Tato studna je podobně jako propast Ginnungagap symbolem božské jednoty a Zdroje. Mimir upíjí „poetické medoviny", pomocí které získávali naši dávní předci vize a inspiraci.

Vůdce všech bohů Odin
věnoval mi prstýnky
i drahé náhrdelníky
a užitečnou debatu jsme vedli
a poté i jeho duši věštili.
Do široka a daleka jsme viděli,
do každého světa světů jsme nahlédli.

Vědma naznačuje, že v realitě, kterou vnímáme jako posmrtnou, je mnoho paralelních říší. V severské mytologii měl každý z bohů svůj menší svět v rámci nějaké větší reality. Například Odin měl v Asgardu Valhallu, Thor tam měl Thrudheim a Baldr zase Breidablik.

Viděla jsem valkýry
přicházet z velké dálky.
K božskému lidu mířily.

Skuld tam byla, Skogul šla za ní

a také Gunn, Hild,

Gondul a Geirskogul.

Tím vyjmenovala jsem všechny nanny,

dcery Heriana.

Valkýry byly připraveny

a zemí se volně projížděly.

Odin je zde nazýván Herianem, ale měl mnoho jiných jmen, která asi odpovídala jeho inkarnacím či emanacím z jiných sfér. Valkýry byly „labutí dívky" a také Odinovy dcery, které se měnily v labutě, když odlétaly s padlými bojovníky do Valhally, Odinovy říše v Asgardu. Mohla by zde tedy být souvztažnost se souhvězdím Labutě, které bylo tolika pradávnými kulturami vnímáno jako portál mezi hmotným a duchovním světem. Zvláštní rovněž je, že slovo „nanna" je obdobné výrazu „dís", tedy může znamenat „bohyně" i „víla".

Dobře si pamatuji

první válku Ásů na Zemi,

když Gullveig probodli

v hale nejvyššího boha.

Třikrát ji upálili,

třikrát z mrtvých vstala,

často i málokdy poté dál žila!

Gullveig znamená „zlatá nabídka". Někteří historici se domnívají, že zde bohové nelikvidovali živou bytost, ale spíše symbol touhy po zlatě, avšak vědma následně naznačuje, že Gullveig byla vědmou. Či snad mluví o jiné vědmě?

Někteří jí říkali Heidi

a kamkoliv přišla

tato věhlasná vědma,

magii praktikovala,

magii ovládala.

Byla však radostí zlých lidí.

Jelikož byla Heidi „radostí zlých lidí", pak nejspíše nepraktikovala magii moudře. Z mého pohledu by se zde mohlo jednat o nastávající magickou válku, kterou vnímám v dávné minulosti vesmíru.

Potom všemocní zasedli

na své soudcovské trůny,

ti nadevše svatí bozi.

A konalo se zasedání jejich rady:

Měli by se snad Ásové mstít,

či všichni bozi získat vykoupení?

Zbořeny byly zdi města Ásů.

Vanové, tušíc potíže, vtrhli na jejich pláně.

Odin hodil oštěp do běsnících davů,

a tak tehdy započala na Zemi první válka.

Vanir (česky Vanové) lze odvodit od slova „svanir" (labutě), tudíž je zde možná vazba k souhvězdí Labutě. Jelikož měli Vanové nejblíže k álfarům (elfům), dávalo by to smysl. Ti totiž ze vzpomínek mé duše přišli právě ze souhvězdí Labutě a labutě vzezřením i připomínali - byli bledí, éteričtí a uměli se vznášet a někteří i létat.

Potom všemocní zasedli

na své soudcovské trůny,

ti nadevše svatí bozi,

a konalo se zasedání jejich rady:

Kdo rozčeřil vzduch tím zlem?

A proč *jötnarům* byla dána

Odinova milá?

Zde vědma popisuje dávný konflikt mezi rody bohů a obrů. Šlo o válku mezi bytostmi z jiných sfér inkarnovaných do hmoty, nebo se jednalo o konflikt vesmírných osadníků?

Thor tam tehdy stál

a hněv z něho plál.

Málokdy se boje zdrží,

když o nespravedlnosti slyší.

Posvátné sliby nebyly dodrženy.

Ani čestné slovo, závazky.

A veškeré dohody

byly tím konáním rozvázány.

Vědma nám sděluje, že mezi sebou válčili i ti, kteří byli rodově spřízněni, jak už tomu mnohdy bývá. Pokud se jednalo o skupinu spolutvůrců, mohlo dojít ke konfliktu zájmů a dost možná i k různorodým názorům na téma hmotného tvoření.

Já vím, že roh Heimdalla

byl schován pod jasan veliký,

strom nadevše posvátný.
Vidím špinavou řeku plynoucí
a vodopád zlověstně bublající
ze zástavy otce všeho.
Snad mi rozumíte?

Zástava otce všeho (Odina) je ono oko, které schoval do studny boha Mimira, strážce paměti a moudrosti. Teče z něj však kalná voda. Jedná se o vizi zkázy. Heimdall byl bůh střežící most mezi nebem a zemí, tedy přestupní stanici mezi hmotnou a původní realitou. Jeho roh byl schován pod posvátný Strom světa a dost možná do Vnitřní Země. Dle zkušenosti mé duše bylo mnoho posvátných předmětů skryto ve Vnitřní Zemi. Právě ona mohla být mostem mezi světy. Nemusí se jednat o duhový most na nebi, ale o duhový most vedoucí do „nebe".

Na východě seděla
stará trolí žena.
V temném lese Iárnvidiru
vlky i rod Fenrira porodila.
Významný byl jeden z těch vlků
a měsíc polykal
v podobě trola.

Iárnvidir je v překladu „říše trolích žen", které rodily obry a vlky. Fenrir byl synem či výtvorem Lokiho, úhlavního nepřítele Ásů. Vlk by zde mohl být totožný s vlkodlakem. Magie, pomocí níž se z člověka stává vlk, je spojována s některými šamany. Vlkové Lokiho by také mohli být alegorií pro zvlčilé bojovníky. Vikingové, zvláště typ bojovníků zvaných „úlfhéðinn", což znamená „vlčí bojovníci", byli proslulí svou krutostí.

Vlk Mánagarmr

se sytil vzdechy umírajících mužů.

Pošpinil krví nebeský domov bohů.

Potom po mnoho let zčernalo jasné slunce

a počasí bylo nevídané.

Chápete už snad…

Pod dozorem ženy trolí

obr Egdir radostně si žil.

Na kopci sedával,

na harfu hrával.

U stromu oběšenců mezitím kokrhal

zlato-červený kohout zvaný Fialar.

Také Zlatý hřebínek mu říkávali

a krákoral nad městy nebeskými.

Budil tak hrdiny

i hostitelů pány.

Pod zemí byl ještě kohout jiný,

ten však do ruda byl zbarvený

a žil v Hel - v říši mrtvých.

Viděla jsem tehdy

osud Baldra,

Odinova syna.

Krví byl zmáčený.

A viděla jsem také na pláni

krásný a štíhlý prut jmelí.

To z něho byla vyrobena,

tedy se mi zdá,

zbraň smrtonosná,

vzduchem letící.

To Höðr použil ji.

A Frigg slzely oči

v místě zvaném Fensalir.

Spoušť spustila se.

Chcete o tom vědět více?

Fensalir je říše mokřin. Ovšem co byla ona smrtonosná zbraň vyrobena z jmelí? Musí se jednat o metaforu. Jelikož je jmelí jedovaté, mohlo by to znamenat, že zbraň byla plná jedu? Höðr, který ji použil, byl synem bohyně Frigg a boha Odina.

Spatřila jsem posléze

pod Hveralundem ležeti

svázaného muže.

Byl to snad zrádce Loki?

U něho seděla Sigyn, jeho žena,

něčím znepokojena byla.

Už asi víte, o čem je řeč?

V čiré hrůze jsem sledovala,

jak Loki pouta trhá.

Tak pevná pouta

ze střev vyrobená.

Slidur, ta východní řeka

protékající jedovými údolími,

plná byla mečů a jiných zbraní.

Hveralund je gejzír, pod nímž ležel Loki, svázán střevy svého syna. Ásové ho tam prý takto krutě uvěznili, ale on se z pout osvobodil. Doslova se utrhl z řetězu a začal běsnit.

Na severu kdysi stávala

bohy zbudovaná zlatá hala.

Rod dvergara Sindriho ji obýval.

A další v Okolniru stála.

Tam, kde pivní hala *jötnarů* se nacházela.

Brimirova hala byla zvána.

Zde je naznačeno, že trpaslíci/skřítci a obři spolu dobře vycházeli. Brimir je nejspíš Ymir. Hala zde znamená „říše".

Viděla jsem také halu daleko od slunce.

V Nástrondu se nacházela,

dveře na sever otevřené měla.

Jed protékal jejich škvírami.

Ta hala byla plná hadích páteří.

Viděla jsem také

jak se brodí

prameny pomalu tekoucími

jistí krvežízniví muži.

Ti, kteří křivě přísahali.

A ti, které okouzlily

jiných mužů ženy.

Tam Níðhöggr

krev nasává z mršin zemřelých

a vlci těla na kusy trhají.

Chápete už snad…

Nástrond je v překladu „pláň mrtvých" a vědma dále popisuje válečné scény. Níðhöggr je v překladu „červ" i "drak". Vždy se v severské mytologii snažil zničit Strom světa, ale nikdy se mu to nepodařilo.

Ještě do větších dálek vidím nyní

a mnohé vám mohu říci

o Ragnaroku, poslední válce mezi bohy.

Válčí mezi sebou bratři

a navzájem se zabíjejí.

Přerušují se příbuzenské vazby.

Země duní a obryně prchají.

Nikdo nikoho nešetří.

Těžké je to na světě,

když taková válka je.

Doba sekery a meče.

Štíty vidím rozštěpené.

Věk vichrů, věk vlků.

A poté svět zase potopí se.

Vědma popisuje Ragnarok jako budoucnost a pád Odina i ostatních bohů, ale z pohledu dávné minulosti. Očividně se tedy již tato zkáza odehrála. Dále rovněž předvídá, že svět se opět potopí. Poukazuje tím na cyklické očisty po rozsáhlých válkách?

Synové Mimira tančí.

Centrální strom se vznítí,

když se roh zvaný Gjallar krajinou rozezní.

To Heimdall do něj foukne

a meč svůj poté pozvedne,

zatímco Odin promlouvá

s vědomím obra Mimira.

Yggdrasil ještě stále stojí,

avšak třese se jeho větvení.

Jak ten prastarý strom skučí!

Jötnarové se rozutíkají

a Garmr, ten vlk silný a zlověstný,

stane před Gnupou,

jeskyní do říše Hel vedoucí.

Pouta náhle přetrhne

a na svobodu vyběhne.

Obr zvaný Hrym

z východu připluje

s dřevěným štítem svým.

Had světa se stočí do kruhu,

strach má z běsnících jötnaruʼ.

Saň mlátí o mořské vlny,

orel vřeští a radostně

trhá mršiny na kusy.

A pak Naglfar vypluje.

Ta děsivá loď připluje

z Muspelheimu.

Armádě velí Loki

a připlouvá s vlky.

Je to on, bratr Byleista.

Naglfar je loď mrtvých a Muspelheim říše ohně. Hel i Muspelheim jsou spojovány s podzemím a přechodem duší mezi sférami bytí. Je zde tedy naznačena válka a následná katastrofa, kde úprk do podzemních říší a Vnitřní Země byl jedinou možnou záchranou? S vlky připlouvá Byleist, což je pouze alternativní jméno Lokiho. Spojil se Loki s přízraky?

Surt z jihu přijede,

jeho meč září jako slunce.

Útesy již padají

a obryně se potácejí.

Lidé do Hel míří.

A říše bohů je roztržena.

Jak je u Ásů?

Jak je u álfarů?

Vře to již i v říši jötnarů.

Ásové se radí, dvergarové úpí

před kamennými branami.

Ti prastaří skalní mudrci.

Chápete už snad…

Surt je temný obr a mág, který ovládá žhnoucí meč. Připomíná Saurona z Tolkienova *Pána prstenů*. Na Zemi tehdy asi skutečně probíhala válka mágů. Nastala zkáza a většina lidí následkem toho přešla do Hel neboli do říše mrtvých. Až později se z toho stalo peklo. Dvergarové (trpaslíci i skřítci) se skryli ve své podzemní říši. Poprvé se zde zmiňuje i rod álfarů neboli elfů. Zajímavý je výraz

„říše bohů je roztržena" – popisuje se zde snad počátek oddělení hmoty od duchovní sféry? Jedná se o počátek nastavení nového řádu a o rozdělení vlády nad planetou Zemí?

Nebohá Hlín poté

další muka zažije.

Odin se totiž vlkovi

v bitvě velké postaví.

Vrah Beliho se Surtem chrabře bojuje,

ale milovaný muž Friggy v bitvě zahyne.

Hlín je alternativní jméno bohyně Frigg. Beli byl jedním z obrů a zvláštní je, že byl podle něho pojmenován jeden z měsíců planety Saturn. Temný pán Surt by mohl být jiným jménem pro Saturna či Krona, jenž mimo jiné vládl hmotě, času, limitacím a osudu...

Pak přichází syn vítězný.

Vidar se do bitvy zapojí.

Zabijácké monstrum napadne

a meč do jeho srdce zabodne.

Pomstí tak svého otce.

Thor přijde na řadu také statečně,

mocný syn Hlódyna a ochránce Midgardu.

Mořského hada Jörmungandra sám napadá,

zabije ho, avšak po devíti dalších krocích skoná.

A všichni lidé musejí své domy opustit.

To Fjórgynin syn byl, který ničeho se nebál.

Hlódyn je pouze další jméno boha Odina. Fjórgyn je personifikací Země, tudíž zde vědma sděluje, že samotná Matka Země měla statečného hrdinu Thora ráda a považovala ho za svého syna. Thor planetu vždy chránil a až do posledního dechu za ni bojoval. Had Jörmungandr, který doslova znamená „vlčí had", je zde nepřítelem Země a jejích božských synů včetně Thora, který sice saň porazil a v boji sám zahynul, ale Jörmungandr poté opět povstal a obklíčil svět jako ouroboros. Proti čemu zde Thor bojoval? Proti novému nastavení limitací hmotného světa? Proti přísnějšímu reinkarnačnímu systému?

Až zčerná zcela slunce,

země do oceánu se propadnou.

Jasné hvězdy z nebe spadnou

a strom světa nechají vzplanout.

Oheň samotných oblak dotýkat se bude.

Avšak vidím, jak nastane věk nový,

kdy se podruhé z oceánu pevnina vynoří.

Je krásně zelená a s mnoha vodopády.

Orel nebem krouží a ryby na hladině loví.

Ásové se opět schází na své pláni

a diskutují o Jörmungandrovi,

hadovi, jenž Midgard obkroužil.

Pamatují na dávné činy své

a tradice bohů prastaré.

Jörmungandr obkroužil Midgard i po své zkáze. Země sice jaksi vstala z mrtvých, avšak za jakou cenu? Byla nastavena nová pravidla, která střeží Jörmungandr, vlčí had. Ocitl se snad svět v pasti nového matrixu, nové časové osy a recyklačního kola znovuzrození? Bohové to diskutují – souhlasí, či nesouhlasí? Bylo třeba nastavit nová pravidla hry kvůli tomu, co jejich činy způsobily?

Fjolnirova rasa
opět postaví své zlaté stoly
do trávy svěží, zelené.
Pořád ty stejné stoly,
které před válkami bohům patřily.

Fjolnir je legendární král severské mytologie. Započal nový věk a kralování šlechtických rodů na Zemi.

Úrodné opět budou země
a napraví se vše zlé.
Přijde zase Baldr a s ním i Hödr,
ti nebeští bozi.
Budou zase žít
v ruinách Hroptových.
Chápete už snad…

Hropt je další jméno Odina. Ruiny jeho tvorby se tedy stanou základem pro nový věk a pro spolupráci bohů s lidmi.

Poté si osud svůj zvolí Hoenir
a synové dvou bratrů
obývat budou Vindheim.
Chápete už snad…

Oblast jasnou vidím
pod sluncem zářícím.

Je zlatá a v říši Gimli se nachází.

Tam budou čestní lidé žít

a mnoho radosti si užijí.

(Poté přichází onen mocný Bůh

a velký soud roznese.

Ten všemocný Bůh z nebes,

který vládne jim všem.)

Toto zvláštní čtyřverší v závorkách je nejspíš pozdější vsuvka, jelikož nějak nezapadá do děje a propaguje jediného a nejmocnějšího Boha... Bůh, který „vládne jim všem" mi opět připomíná Tolkienova *Pána prstenů*. Tolkien se irskou a severskou mytologií inspiroval a ve své tvorbě asi zachytil zásadní historické události planety.

A zvíře pradávné a temné

vzlétne z hory zvané Niðafjöllum.

Je to drak veliký, opeřený

a na křídlech červa Níðhöggra nese.

Letí s jeho mršinou nad plání

a já nyní opět sestoupím...

Niðafjöllum je temná hora v severní části Hel. Vědma zde popisuje, že nakonec Níðhöggr, jenž je v severské mytologii zobrazován jako ničitel kořenů Stromu světa, bude přemožen opeřeným drakem, který přichází z hlubin a temnot hory. Jedná se o symbol podsvětí a o něco, co i v podzemních prostorách bylo přemoženo? Bojovalo se tedy i pod zemským povrchem? Sama vědma říká, že následně někam sestoupí. Nastal věk nebe a vše pod ním, včetně prostupů do

původní reality, začalo být opomíjeno a démonizováno. Byl to záměr? Možná bylo třeba před jistými vesmírnými nájezdníky ochránit tak důležitý svět Vnitřní Země, který uchovává původní plán pro planetu a střeží srdce a vědomí Matky Země.

původní reality, začalo být opomíjeno a démonizováno. Byl to záměr? Možná bylo třeba před jistými vesmírnými nájezdníky ochránit tak důležitý svět Vnitřní Země, který uchovává původní plán pro planetu a střeží srdce a vědomí Matky Země.

„Kdybych vědomějším lidem vašeho světa mohl něco poradit, řekl bych následující: Buďte vládci nad svými myšlenkami a pocity. Někdy vaše mysl nabere směr, kdy ani neví, že ji ovládá něco či někdo jiný. Vědomě korigovat tok myšlenek a následně emocí, které je vyvolávají, toť cíl všech vědomých bytostí. Pokud to dokážete, brzy se zase plně propojíte se svým světelným tělem, duší a duchem, tedy s částmi, které nic a nikdo neohrozí. I vy dokážete to, co dokázali vaši předci – žít poklidně, zdravě, v souladu s okolím a nesmrtelně. Je to vize vaší budoucnosti, na zlaté i stříbrné lince k tomu postupně dojdete.“

Zelený muž

www.ingramcontent.com/pod-product-compliance
Lightning Source LLC
LaVergne TN
LVHW031242190726
843493LV00010B/2971